MICHEL FEUILLET

Petite vie de François d'Assise

DESCLÉE DE BROUWER

76 *bis*, rue des Saints-Pères, 75007 Paris
ISBN 2-220-03333-3
ISSN 0991-4439

1. La naissance et la jeunesse

Assise

La postérité a associé au nom de François celui de la ville où il est né, Assise. Tel était l'usage réservé à ceux dont la notoriété dépassait les limites d'une cité. Mais pour François ce rapprochement va bien au-delà d'une simple référence. Il semble difficile d'évoquer François, ses actes et son idéal sans rappeler tout un paysage, sans dessiner le lieu de sa jeunesse désinvolte, celui de sa progressive conversion, sans fouler — au moins par l'imagination — la terre d'où il est parti prêcher la pauvreté évangélique et vers laquelle il n'a cessé de revenir.

Les rues d'Assise, ses maisons de pierres roses, ses tuiles ocre, ses tours, ses églises, à la fois douces et sévères, s'étagent sur un des derniers contreforts du mont Subasio. La cité tourne le dos à la masse austère de la montagne aux flancs boisés et dont le lourd sommet est couvert d'alpages et de landes sauvages. Tout autour se disposent en terrasses des jardins d'oliviers entre lesquels courent des rangées de

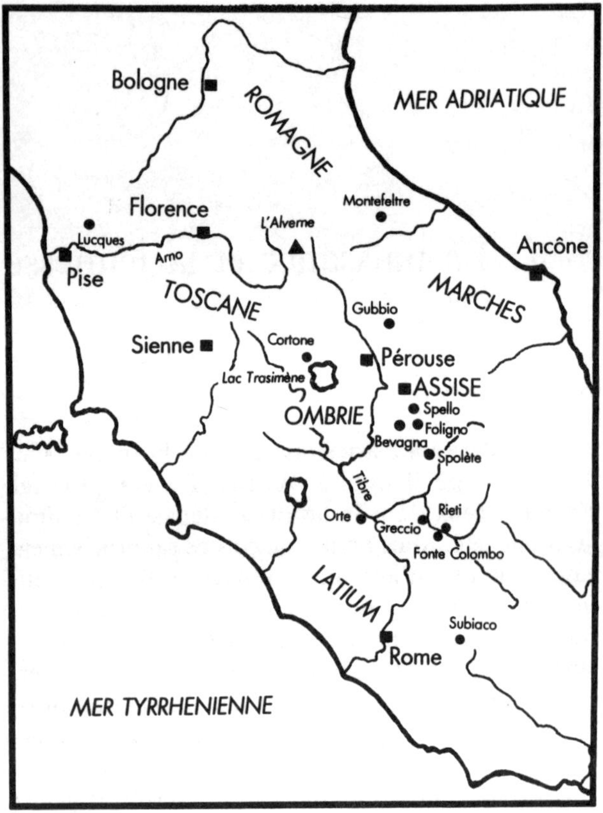

L'Italie franciscaine

vignes. Le moindre espace est travaillé, cultivé avec soin ; on arrache à cette terre précieuse du blé, des légumes et aussi des plantes fourragères que l'on porte aux bestiaux restés à l'étable. Le vert sombre des cyprès ponctue le moutonnement argenté des oliviers ou se découpe sur la ligne bleutée de l'horizon. Plantés par les hommes depuis des générations, ces arbres sacrés délimitent les champs, marquent l'entrée d'une propriété, bordent une allée ou pieusement indiquent la présence d'une chapelle ou d'un monastère. Assise voit s'étendre à ses pieds une grande plaine que traversent des rivières qui toutes convergent en direction du Tibre. Sur cette étendue uniforme se succèdent de grands champs géométriques ; des peupliers prospèrent le long des cours d'eau que les hommes ont patiemment endigués, et au loin on entrevoit à nouveau la ligne ondoyante des collines. Une terre où alternent rudesse et aménité.

Jean s'appellera François

C'est donc dans cette fière cité d'Assise que naît François — en 1181 ou en 1182. A son baptême, il reçoit le nom de Jean — *Giovanni* — celui du Baptiste. Lorsque l'enfant est porté sur les fonts baptismaux, son père, Pierre de Bernardone, est absent d'Assise : il est sur le chemin qui le ramène d'un voyage en France, un voyage d'affaires pour ce marchand drapier, entreprenant, toujours prêt à se déplacer pour être présent sur les foires les plus animées, afin d'acheter et de vendre les étoffes dont il fait le commerce. De retour à Assise, Pierre change le nom de son fils : Jean s'appellera François — *Francesco.* Ce nom, qui jusqu'alors n'en était pas vraiment un, signifie « Français ». L'admiration que le négociant porte au pays où s'exerce une partie de ses fructueuses activités explique sa décision. Son épouse Donna Pica, qui est issue d'une noble famille provençale, reçoit ce changement de nom comme un hommage à son lointain pays, placé presque aux marches de la France, objet de rêves et d'admiration de la part de tous.

Une famille de marchands

Le milieu social où naît François est représentatif d'un changement qui progressivement transforme l'Italie. Son grand-père, Bernardone, qui appartenait à la famille Moriconi, des marchands drapiers de Lucques, cité toscane de la basse vallée de l'Arno, s'est transféré à Assise, où il s'est marié et où il a ouvert à son tour une boutique. Pierre, fils de Bernardone et père de François, a hérité d'une belle fortune qu'il a su faire fructifier ne mesurant pas sa peine.

L'Europe sociale et économique d'alors est essentiellement organisée selon le système féodal : des paysans forment la majorité de la population ; ils sont soumis à quelques seigneurs qui ont le privilège des armes ; le clergé — régulier ou séculier — complète le paysage social. Les richesses sont surtout agricoles. Les échanges sont souvent régis par la logique du troc et l'on paie en nature les redevances exigées par son suzerain ; peu d'argent circule ; les marchés sont souvent limités aux seuls terroirs de production. Cependant dans différentes régions d'Europe — et particulièrement en Italie centrale — commencent à se développer des activités artisanales de plus grande envergure. Dans les villes naît un monde nouveau : ouvriers, artisans et boutiquiers, transforment, produisent et commercialisent des biens plus élaborés, parfois très raffinés. On travaille le cuir, le bois, les métaux, les fibres textiles, dans des ateliers installés au cœur des cités dont les murs s'élargissent progressivement. Sur mer, dans le Bassin méditerranéen, et sur terre, le long de la route qui va vers les Flandres depuis l'Italie, s'effectuent des échanges toujours plus intenses.

La famille de François est l'exemple typique de cette bourgeoisie qui sait dominer temps et espace, et parvient à tirer des profits substantiels d'un commerce désormais beaucoup plus complexe que le simple troc. Au centre de l'Italie, une myriade de petites villes peut ainsi se développer, réussissant à avoir à sa disposition une masse monétaire plus importante que dans d'autres contrées.

Pierre de Bernardone est un homme puissant. Il a su investir ses profits dans des biens fonciers : il possède des pâturages, des oliveraies, des champs et des vergers dans le *contado* d'Assise ; influent, il sait égalcment faire profiter la commune de ses subsides.

Une jeunesse insouciante

François grandit choyé par cette famille riche. Très tôt, il fait preuve d'un caractère ouvert : il aime la compagnie ; on ne compte pas ses amis de jeux. Il est recherché pour sa gaieté et sa générosité. Jeune homme, il participe à des fêtes dont il est souvent l'instigateur. Il sait goûter ce que la vie a de plus doux : les danses, la bonne chère, la poésie, l'amitié, l'amour... Fier de s'appeler François, il parade parmi ses compagnons tel un troubadour venu d'au-delà des Alpes pour chanter de courtoises chansons. Le jeune bourgeois se prend à jouer les chevaliers. A une certaine frivolité il ajoute un goût pour la facétie : lui, le fils du drapier Pierre de Bernardone, n'a-t-il pas osé se faire confectionner un vêtement bicolore, taillé d'un côté dans un tissu des plus précieux, et de l'autre dans une toile très ordinaire ? Ignorant qu'il deviendra un jour le fou de Dieu, François est pour l'heure le fou du carnaval.

Son père lui reproche sa prodigalité, mais ne désespère pas de faire de lui un habile marchand afin de poursuivre la tradition familiale. François apprend donc les rudiments dans l'art de commercer et reçoit une certaine instruction. Quand il n'est pas sollicité par les jeunes gens de son âge pour de joyeuses sarabandes à travers la ville, François travaille auprès de son père, à Assise ou sur les lointains champs de foire, et finit par montrer des dispositions pour le négoce.

Bien après sa conversion, tout au long de sa vie, François gardera de sa jeunesse cette jovialité. Il aura toujours ce sens du geste et un goût marqué pour la poésie. Au cœur d'une existence devenue ascétique et toute vouée à Dieu, il conservera une aptitude à jouer et à plaisanter. A l'inverse, avant même de se convertir, l'insouciant François laisse entrevoir la voie exceptionnelle qu'il suivra plus tard. Un jour, alors qu'il est occupé dans la boutique de son père, François reçoit la visite d'un mendiant. Absorbé par ses calculs, le jeune drapier n'apprécie guère d'être dérangé par ce gueux qui demande la charité. Il l'éconduit sans ménagement. Mais presque aussitôt il regrette son geste : il rattrape le malheureux et, après lui avoir donné une aumône généreuse, promet de ne plus jamais manquer à la courtoisie.

Au cours de ces années-là, François apparaît comme un jeune homme dont la désinvolture est toujours tempérée par une gentillesse spontanée. La conversion de François va se faire par étapes, très progressivement. Il y aura des événements plus décisifs que d'autres, mais ce sera davantage la découverte d'une nouvelle orientation, toujours plus exigeante que le brusque abandon d'une existence devenue subitement odieuse. Des événements extérieurs se conjugueront à une maturation intérieure pour révéler au jeune assisiate la voie d'exception qu'il lui conviendra désormais de suivre au service de Dieu et des hommes.

La dure réalité de l'histoire

A la charnière des XIIe et XIIIe siècles, Assise connaît des bouleversements sociaux et politiques très graves. François et ses joyeux compagnons découvrent alors la dure réalité de l'histoire. Les événements dramatiques qui ont pour théâtre la petite cité ombrienne sont la conséquence d'enjeux qui la dépassent largement.

L'Italie est idéalement le centre de la chrétienté latine : à Rome devraient siéger le pape et l'empereur en un harmonieux partage pour une même mission : conduire l'humanité jusqu'à la félicité terrestre puis éternelle. Mais cette concorde des deux guides est loin d'exister. Depuis un siècle l'Italie est le lieu où se heurtent les deux pouvoirs. Chacun essaie de contrôler la péninsule. Les empereurs venus de leur nordique Allemagne opèrent des « descentes » en Italie pour que l'empire redevienne aussi romain que germanique. S'opposent à eux des papes opiniâtres, soucieux d'asseoir leur pouvoir temporel.

Les cités italiennes, même si elles doivent souffrir de ces luttes, apprennent à tirer parti de la situation qui se transforme souvent en une absence de pouvoir séculier centralisateur. Les villes, objets de menaces, mais aussi de protection de la part de l'un ou de l'autre antagoniste, comprennent qu'à l'occasion d'une trêve ou de l'affaiblissement d'un des belligérants il est possible de s'arroger des franchises. Les cités, loin de s'appauvrir, développent leur autonomie économique et politique au point de pouvoir s'ériger en petites républiques indépendantes. C'est cette émancipation que tente Assise à partir du printemps 1198.

La cité, qui fait partie du duché de Spolète, se trouve alors en territoire d'empire ; elle doit obédience au duc Conrad d'Urslingen. Mais les assisiates, profitant de l'absence de leur suzerain germanique et bientôt de sa soumission au jeune pape Innocent III à Narni, délogent la garnison retranchée dans la *rocca* qui domine la ville.

François a dix-sept ans quand se produisent ces événements ; il participe avec ses amis et parents au soulèvement contre la domination étrangère puis à la destruction de la forteresse symbole de la puissance impériale. Mais le coup de main ne suffit pas à donner à Assise équilibre et autonomie. La ville, qui de l'extérieur doit se garder des convoitises du pape victorieux, connaît à l'intérieur une guerre civile qui oppose les grandes familles nobles fidèles à l'empereur et la nouvelle classe bourgeoise éprise de liberté communale.

En 1200, après deux ans de violences, les partisans de l'indépendance finissent par l'emporter : les nobles sont battus ; beaucoup d'entre eux se réfugient à Pérouse, la cité rivale dont on voit la fière silhouette se détacher à l'horizon, hérissée de tours, perchée avec orgueil sur son promontoire au-delà de la vallée du Tibre.

Ayant mis fin à ces luttes après la victoire de l'une des factions, la république doit faire face désormais à la menace de sa puissante voisine, ennemie de toujours : Pérouse, soutenue dans son arrogance par les féodaux assisiates établis dans ses murs, se montre toujours plus agressive, d'autant qu'Assise multiplie les provocations comme la confiscation ou la démolition des châteaux et des maisons des exilés. Les consuls assisiates décident d'aller au-devant du danger. Une petite armée est constituée. François enthousiaste se porte volontaire. Depuis son enfance il nourrit des rêves de gloire militaire : avec ardeur il s'est toujours plu à écouter la geste des preux chevaliers de Charlemagne chantée par les troubadours venus du Nord. Il n'hésite pas un instant. Agé de vingt ans, il part pour la folle entreprise, espérant remporter avec ses concitoyens une victoire éclatante.

La défaite

Mais la gloire n'est pas au rendez-vous. La bataille a lieu en novembre 1202, au pied de Pérouse, près du pont Saint-Jean qui enjambe le Tibre. Un combat d'une grande violence. Les assisiates sont rapidement défaits et François est au nombre des prisonniers. Il doit souffrir les humiliations réservées aux vaincus. Mais, malgré les chaînes qui l'entravent, il étonne ses compagnons d'infortune qui se lamentent sur leur sort, car il ne se départ pas de son habituel optimisme.

Son emprisonnement dure une année. Une trêve dans la lutte entre les deux villes permet sa libération. Le jeune homme qui retrouve sa ville natale est usé par les privations, brisé par des accès de fièvre. La maladie, qui ne semble pas vouloir régresser malgré le retour au pays, suscite en lui un regard nouveau sur la vie et sur le monde. Mais peu à peu, grâce aux soins que lui prodiguent les siens et particulièrement Pica, sa mère, la santé revient.

2. La conversion

Le réveil

Des mois se sont écoulés. L'an 1205 arrive. Lorsque le printemps finit par poindre, le jeune convalescent peut enfin sortir et passer la porte de la cité pour se promener dans la campagne blonde et verte qu'il aime tant contempler. Quelque chose, semble-t-il, s'est brisé. François a perdu la flamme qui l'habitait et qui lui procurait cette joie de vivre de tous les instants. Mais, un jour, plus morose et désœuvré que jamais, au cours d'une de ces longues promenades dans la plaine, il fait la rencontre d'un pauvre homme, un chevalier que des revers de fortune, fréquents en ces périodes troublées, ont réduit à la misère. Son enthousiasme lui revient. Reproduisant le geste de saint Martin, sans la moindre hésitation, il donne son manteau au chevalier déchu, puis rentre aussitôt à Assise, surpris par son propre geste et réconforté par cette rencontre. Le lendemain matin, après une nuit agitée, il se réveille encore tout ému par un songe extraordinaire : une voix, après

Le don du manteau (Giotto, Assise, Basilique Saint-François, 1297-1299). © *Alinari-Viollet*.

l'avoir félicité de sa générosité, l'a invité à regarder dans le ciel un magnifique palais débordant d'armes et d'oriflammes marqués du signe de la croix. François retrouve une vigueur qu'il avait perdue depuis longtemps : pour lui la signification du rêve ne fait aucun doute. Depuis quelques semaines un seigneur assisiate se prépare à partir pour le sud de l'Italie, jusque dans les Pouilles, afin de rejoindre Gauthier de Brienne à la tête de la milice pontificale d'Innocent III. François escortera ce héros !

Gauthier, par son mariage avec Marie, fille de

Tancrède prince normand de Sicile, a des prétentions sur tout le sud de la péninsule passée sous domination impériale. Or deux rivaux se disputent la couronne impériale : le gibelin Philippe de Souabe, frère de l'empereur défunt Henri VI, et Othon de Brunswick candidat guelfe. Le pape, qui a déjà profité de cette situation de faiblesse afin de reconquérir le Duché de Spolète, soutient Othon, bien qu'étant le tuteur de Frédéric fils de l'empereur Henri VI, et se lance avec Gauthier contre le sénéchal de l'Empire en vue d'une reconquête du puissant Royaume de Sicile.

Fort de ses premiers succès et auréolé par la magnificence de sa cour, Gauthier de Brienne jouit d'un prestige tel que les volontaires affluent pour combattre à ses côtés. François retrouve ses rêves chevaleresques. Il espère qu'après avoir accompli des prouesses dans ce saint combat il sera armé chevalier de la main même du comte français. Le jeune marchand se fait tailler un habit seigneurial dans les étoffes les plus belles. Le voici bientôt en route pour le sud, caracolant sur un splendide cheval.

La fin d'un rêve

Arrivé à Spolète, à l'issue de la première étape, il sent que la fièvre s'empare à nouveau de lui. La nuit est longue, pénible. Affaibli, il réalise qu'il sera incapable de reprendre la route le lendemain matin. Il faut renoncer à l'expédition ! Mais très vite, bien avant les premières lueurs de l'aube, il accepte cet échec avec résignation, car, pour la première fois, il comprend que la mission qui doit être la sienne va bien au-delà d'un simple combat terrestre — même si celui-ci est mené en faveur du pape. Il perçoit, au plus profond de lui-même, qu'il vaut mieux servir le maître que le serviteur, et que la volonté de Dieu est ailleurs.

Ses forces revenues, il décide de rentrer à Assise laissant ses compagnons continuer leur équipée vers le Sud. A Foligno, sur le chemin du retour, il accomplit un geste décisif : il vend son riche vêtement, ses armes et son cheval, et c'est à pied qu'il poursuit sa route vers le Nord, seul, dépouillé de sa belle apparence et de ses rêves de gloire.

Arrivé à Assise, il est accueilli par ses amis de toujours qui l'invitent à un banquet pour célébrer son retour et le consoler de sa mésaventure. Il est élu le roi de la fête. N'oubliant pas sa courtoisie, il régale la joyeuse assistance de mets exquis et abondants, arrosés de bons vins. Mais, au milieu du brouhaha, il réalise le changement qui s'est opéré en lui. On le voit absent, perdu dans ses rêves. Serait-il amoureux ? Sorti de sa torpeur et harcelé de questions, il répond, presque malgré lui, qu'il est bel et bien fiancé et que l'élue de son cœur est plus noble, plus riche et plus belle que toutes celles que ses compagnons ont jamais vues.

Vers une nouvelle vie

Maintenant François en a fini avec les fêtes. Il donne généreusement aux pauvres. Il ne se limite pas à satisfaire leurs demandes, il va au-devant d'eux.

En donnant, il se dépouille lui-même. Se rappelant les paroles de Jésus, il sait que les richesses éloignent du Royaume de Dieu. La vocation de François est encore incertaine ; mais une chose est sûre : la pauvreté sera sa voie, étroite entre toutes. La Dame de ses pensées, celle dont il parle à ses amis, est bien Dame Pauvreté.

Désormais il prend l'habitude de se retirer seul dans la campagne ; et là il prie longuement. Quand il revient en ville, souvent vêtu de haillons, il est pris à partie par ses compagnons de la veille qui se moquent de lui. Son père qui n'admettait pas sa prodigalité passée, ne comprend pas davantage ses nouvelles lubies : ses folles distributions sont insensées et, avec sa manie de se déguiser en va-nu-pieds, la famille tout entière sera bientôt la risée d'Assise. Seule la mère de François le soutient dans son nouveau combat : elle recueille ses confidences et le comprend ; elle l'aide secrètement à secourir les malheureux.

A la recherche de signes, François décide de se rendre à Rome sur la tombe de saint Pierre.

Un tel voyage était au Moyen Age le rêve de tout chrétien. A défaut de pouvoir fouler la Terre sainte et de marcher dans les pas du Christ, on espérait, au moins une fois dans sa vie, faire ce pèlerinage jusqu'aux sources de la chrétienté latine, et devenir ainsi un *romaeus*.

François se fait pèlerin souhaitant mieux comprendre cette exigence absolue qui s'impose à lui et qu'il voudrait consacrer à Dieu. Et à Rome c'est encore un geste de générosité qu'il accomplit. Voyant les pèlerins mesurer avec parcimonie leurs offrandes sur la tombe de l'apôtre, François avec fracas jette tout ce que contient sa bourse ; à la suite de quoi, il troque ses vêtements contre ceux d'un mendiant et, sur le parvis de la basilique, il s'abaisse à demander l'aumône.

François veut aller toujours plus loin. Au risque de la grandiloquence, il entend se prouver à lui-même et prouver à Dieu qu'il est digne d'une grande mission. Et pour cela il recherche un renversement radical des valeurs qui ont été les siennes pendant sa jeunesse insouciante. Il apprend à avoir en horreur les douceurs passées et s'engage à aimer ce qui autrefois lui était le plus odieux. Dans ses prières il offre à Dieu ses sacrifices les plus fous qui seront bientôt sa joie la plus parfaite.

Un jour alors qu'il se promène à cheval non loin d'Assise, François voit un lépreux venir à lui la main tendue. Saisi d'horreur, il devrait passer son chemin au plus vite et fuir loin de cet être repoussant ; mais, surmontant son appréhension, il descend de cheval, glisse une pièce d'argent dans la main du répugnant mendiant, et lui donne un baiser. Après cet acte héroïque, il repart chantant les louanges du Seigneur. Dès lors, il se consacre assidûment à une communauté de lépreux qu'il entoure de sa bienveillance et de sa générosité, allant ainsi à l'encontre des usages du temps.

En effet, à l'époque de François, les lépreux étaient jetés hors de la société ; ils vivaient en des lieux reculés, regroupés dans des lazarets fermés sur eux-mêmes. Tout contact avec le reste de la communauté était strictement interdit.

A la charité François ajoute une piété devenue fervente. Au cours de ses pérégrinations dans la campagne, il ne manque jamais de se signer, de réciter quelque psaume chaque fois qu'il passe près d'une croix ou d'un simple oratoire renfermant une image pieuse. Quand sur son chemin il voit une église, là où auparavant il passait allégrement son chemin, il entre et prie.

Ainsi, un jour, remontant en direction d'Assise depuis la plaine, il reconnaît la silhouette délabrée de la vieille chapelle Saint-Damien, nichée dans le vert léger des oliviers qui s'étagent en terrasses au pied de la cité. Il pénètre dans le modeste sanctuaire à demi ruiné. Au-dessus de l'autel est suspendu un grand crucifix peint montrant l'image du Christ triomphant. Le jeune visiteur se prosterne et prie. Selon ses premiers biographes, François, s'étant redressé et contemplant le visage du crucifié, entend Jésus lui dire : « Va François et répare ma maison qui est en ruine. » Sorti de la petite église, encore tout bouleversé, il rencontre le prêtre qui a la charge de ce pauvre lieu. Il lui laisse de l'argent pour qu'une lampe à huile reste allumée en permanence devant la croix.

François se précipite alors chez son père et, profitant de l'absence du marchand, s'empare des pièces de drap les plus fines que possède la boutique. Après avoir bâté le cheval, il le charge du précieux butin et fait le voyage jusqu'à Foligno où il vend toutes ses richesses : les belles étoffes, mais aussi la monture et son harnais. De retour à Saint-Damien

François et le crucifix de Saint-Damien (Giotto, Assise, Basilique Saint-François, 1297-1299). © *Alinari-Giraudon*.

il s'apprête à donner au desservant la belle somme d'argent qu'il a retirée de sa vente; mais celui-ci refuse, craignant des ennuis de la part de la famille de ce drôle de donateur. François laisse la bourse dans un coin de l'église et demande l'hospitalité au prêtre qui la lui accorde.

En guerre contre son père

Pierre de Bernardone, qui chaque jour apprend une nouvelle folie de la part de son fils, n'en peut plus. Sa colère éclate. Accompagné d'amis et de voisins, le bourgeois se rend à Saint-Damien, bien décidé à ramener François sur ce qu'il pense être le droit chemin, par la force sinon par la persuasion. Quand le père furibond arrive à la chapelle, le délinquant a déjà fui ! François s'est réfugié dans une grotte dont il connaissait l'existence. Le jeune homme, craignant les représailles paternelles et celles de toute la communauté de boutiquiers à laquelle il appartenait, reste là enfermé pendant un mois. Il ne sort que rarement à la faveur de la nuit. Vivant dans les privations, il passe son temps à prier, à implorer Dieu de lui donner la force nécessaire pour affronter le monde qui ne lui manifeste qu'hostilité et incompréhension. Enfin le vœu de François est exaucé : le peureux sort de son trou et, armé d'un courage inattendu, emprunte le chemin qui remonte jusqu'à Assise. Franchie la porte de la cité, il est aussitôt reconnu par les assisiates qui s'étonnent de sa mauvaise mine et de la guenille qu'est devenue son vêtement. Dans la petite ville la nouvelle de son retour est bientôt connue de tous. On le montre du doigt, on rit. En butte aux huées et aux moqueries, François avance vers la maison paternelle. Mais Pierre de Bernardone, averti par les clameurs que suscite son fils, est déjà sorti dans la rue. Blessé dans son honneur, rendu furieux par la honte, le bourgeois empoigne son fils et le traîne jusqu'à la maison où il l'enferme dans un sombre réduit.

Mais les affaires ne peuvent attendre. Le marchand doit prendre la route vers quelque foire lointaine. Ayant bien recommandé que François ne soit en aucun cas libéré, Pierre de Bernardone enfourche sa monture et s'en va pour un long voyage. Dame Pica commence par appliquer les directives de son époux, mais, désapprouvant l'excessive sévérité du père et comprenant les pieuses aspirations du fils, ouvre la porte du cachot et laisse s'enfuir François. C'est à Saint-Damien qu'il retourne naturellement.

Lorsque Pierre de Bernardone revient à Assise et qu'il constate la désobéissance de sa femme et la fuite de son fils, il laisse une fois de plus éclater sa fureur, mais bien vite retrouve son calme, résolu à prendre les mesures qui s'imposent vis-à-vis de ce rejeton irréductible. Il se rend au palais de la Commune et dépose une plainte contre son fils devant les consuls de la cité, demandant que tout l'argent qui lui a été volé lui soit restitué. Les consuls voyant leur concitoyen ainsi troublé envoient un héraut afin de sommer François de se présenter devant eux. Celui-ci répond qu'il est libre et qu'il n'a de compte à rendre que devant Dieu dont il est l'humble serviteur. Les consuls embarrassés déclarent que François est désormais hors de leur juridiction et enjoignent le père à s'adresser à l'évêque. Le prélat aussitôt sollicité somme à son tour François de comparaître pour répondre au sujet de la plainte de son père. Le fugitif — s'agissant d'un ordre émanant d'un ecclésiastique — obéit.

Ayant entendu les bonnes intentions du fils, l'évêque convoque le père. Et publiquement, devant l'église cathédrale Sainte-Marie-Majeure, en présence de la plus haute autorité religieuse d'Assise, François rend l'argent qui lui reste ; ensuite, en un geste spectaculaire, il ôte tous ses vêtements, les restitue, et, nu comme au moment de sa naissance, déclare à son père : « Jusqu'ici je t'ai appelé père sur la terre ; désormais je peux dire avec assurance : *Notre père qui es aux cieux*, puisque c'est à lui que j'ai confié mon trésor et donné ma foi. » L'évêque couvre alors la nudité de François. Ce signe, que le jeune homme déshérité accepte, est symptomatique de ce que sera sa continuelle soumission à l'Église.

Le refus de l'hérésie

Les mouvements de réforme sont nombreux à l'époque de François. Des prédicateurs enflammés dénoncent la richesse des prélats et le pouvoir temporel de l'Église. En marge de la hiérarchie officielle, des communautés, des sectes se constituent pour vivre l'idéal du Christ. Le ton des reproches formulés devient souvent acerbe : Rome est appelée la nouvelle Babylone et l'Église la prostituée dont parle l'*Apocalypse*. L'esprit réformateur, bientôt subversif et déviant par rapport à la doctrine romaine, est condamné comme hérétique et schismatique par les autorités.

Ainsi les vaudois — les pauvres de Lyon du marchand Pierre Valdès (1140-1206) — prêchant la pauvreté et le retour à l'Évangile, reçoivent d'abord l'approbation de l'Église. Ils connaissent un grand

Renonciation aux biens paternels (Giotto, Assise, Basilique Saint-François, 1297-1299). © *Anderson-Viollet.*

succès en Dauphiné, en Savoie, en Provence, puis dans le Piémont et en Lombardie. Mais accordant à tous les fidèles le privilège de donner les sacrements, contestant de ce fait le pouvoir des prêtres et des évêques, et rejetant toute liturgie institutionnalisée, ils sont condamnés, excommuniés et persécutés.

Les cathares quant à eux voient dans l'univers deux principes opposés et irréductibles : celui du Bien, créateur du monde spirituel, et celui du Mal, créateur du monde terrestre. L'homme en se détachant de la matière peut échapper à l'empire de Satan et rejoindre le Dieu bon. Le catharisme, qui méprise le monde, oppose une grande austérité à l'opulence et au relâchement d'une partie du clergé officiel. Il se développe favorablement dans de nombreuses régions d'Europe. Dans le Midi de la France on les appelle les albigeois. En Italie centrale ils sont également très présents : à Assise même, les consuls choisissent en 1205 pour arbitrer la vie politique de la commune un podestat cathare nommé Gherardo. L'Église de Rome, ne pouvant réduire ces dangereux concurrents par la prédication, leur opposera de cruelles croisades.

Les patarins, au milieu du XIe siècle, consistaient en un mouvement de réforme ecclésiastique mené selon une parfaite orthodoxie. Mais à l'époque de François sont appelés ainsi les tenants d'hérésies populaires lombardes proches des cathares. D'une manière générale, vaudois, cathares, albigeois, patarins sont des appellations qui s'entremêlent et se confondent souvent dans la réalité sociale multiforme et, aussi et surtout, dans l'esprit des ecclésiastiques chargés de traquer l'hérésie. Tous ces mouvements ont en commun une révolte toujours plus radicale contre l'Église ; ce qui entraîne inévitablement un durcissement de celle-ci.

François, contrairement à d'autres promoteurs de réformes, saura rester fidèle à la hiérarchie ecclésiastique. Et, en ce printemps 1206, renonçant aux biens paternels et se mettant sous la protection de l'évêque Guido, François accomplit un geste de reconnaissance et d'hommage vis-à-vis de la dignité sacerdotale et du pouvoir ecclésial. La confiance de l'Église à son égard ne sera pas toujours totale : les outrances de son idéal inquiéteront parfois, mais les papes sauront garder François au sein de l'Église, et François, malgré ses exigences absolues, fera tout pour obéir à l'autorité pontificale et plus quotidiennement à celle des prêtres et des religieux.

Le chemin de la liberté

Ayant mis un vêtement de fortune, François s'en va. Il est libre. Délivré de toute attache, il laisse sa ville natale. Il marche tout joyeux. Chemin faisant il chante les louanges de Dieu en français, se rappelant cette *lingua gallica* qu'il a apprise sur les champs de foire en Champagne ou en Ile-de-France, ou tout simplement sur la place même d'Assise, lorsque les *cantastorie* enflammaient son imagination chevaleresque de jeune bourgeois.

Il marche vers le nord préférant à la grand-route de la vallée les chemins écartés. Il s'en va en direction de Gubbio traversant une région sauvage où alternent montagnes arides et forêts profondes. Au détour d'un bois, il fait la rencontre de deux brigands. Intrigués par ce voyageur insolite les malandrins lui demandent : « Qui es-tu ? » François, plein d'assurance, répond : « Je suis le héraut du Grand Roi ! » Voyant qu'il n'y a rien à tirer d'un tel exalté, ils le précipitent sans ménagement dans le fossé en ricanant et en l'insultant. François, resté seul, se lève tant bien que mal, mais bien vite se met à rire de tout son cœur et reprend de plus belle sa louange adressée au Seigneur. François commence à découvrir cette joie parfaite dont il entend faire sa règle de vie et qui consiste à exulter et à rendre grâce en toute occasion, surtout lorsque l'on est bafoué et malheureux.

Arrivé non loin de Gubbio, François demande l'aumône dans un couvent. Pour survivre, il accepte pendant quelques jours d'être le valet du monastère. Mais maltraité par les moines, il préfère bientôt s'en aller et reprendre le chemin de Gubbio. Passée la porte de la ville, un ami le reconnaît, le recueille chez lui et lui apporte le réconfort dont il a besoin. Mais François refuse de s'installer. Il repart, s'arrêtant ici ou là, soignant les lépreux et aidant les malheureux, au nom du Seigneur. Après quelques mois d'errance pieuse et charitable, il est enfin de retour à Assise et spontanément il se rend à Saint-Damien.

Le bâtisseur

Se rappelant la mission de restaurateur d'églises dont il a eu la révélation quelques mois auparavant,

François entreprend dans l'allégresse la réfection de la chapelle.

Il reconstruit les murs écroulés, cimente les fissures et refait la toiture en partie affaissée. En quête de matériaux, il s'en remet à la générosité des uns et des autres. Mais parfois ce sont des cailloux qui lui sont lancés avec hostilité. Cela n'ébranle pas sa nouvelle vocation de maçon de Dieu. Chantant tout le jour, il s'attache à avancer la restauration du modeste sanctuaire.

Le délicat jouvenceau devenu solide ouvrier n'est pas toujours la risée des assisiates. Certains de ses concitoyens, que la spectaculaire scène de la renonciation aux biens paternels a déjà impressionnés, admirent maintenant l'entreprise à la fois modeste et héroïque. A l'occasion on vient passer quelques heures, quelques journées à ses côtés pour redonner à Saint-Damien la belle apparence que mérite toute maison de Dieu, même la plus simple.

L'année 1206 s'achève avec la complète reconstruction de Saint-Damien, bientôt suivie l'année suivante de la réparation d'une chapelle dédiée à saint Pierre située à l'extérieur de la ville. Ce deuxième chantier terminé, François se rend à Sainte-Marie-des-Anges, un sanctuaire laissé à l'abandon, isolé dans la plaine d'Assise et que sa petitesse a fait surnommer la Portioncule. François, dévot de Marie, trouve dans la dédicace de la pauvre chapelle un motif supplémentaire à son ardeur et l'appellation familière ravit son idéal de pauvreté et d'humilité.

L'évangile de la Saint-Mathias

Ainsi pendant près de deux ans, François trouve dans ce travail très concret de bâtisseur une réponse à ses aspirations : il se fait serviteur de l'Église en réparant des églises. Le succès de son entreprise apparaît d'une manière très réelle, très mesurable. Son œuvre avance. Briques, pierres, poutres, chevrons et tuiles harmonieusement assemblés sont le signe bien visible d'une mission apostolique menée à bien. Mais François commence bientôt à sentir les limites de sa première vocation. Il prend conscience que les exigences du Seigneur vont encore plus loin. Le 24 février 1208, le jour de la Saint-Mathias, il trouve réponse à ses interrogations.

Dans l'église dont la restauration a bien progressé, un prêtre, venu dire la messe, lit l'évangile du jour, et pour François c'est la révélation : le texte saint dit comment Jésus envoya ses disciples prêcher le royaume des cieux leur prescrivant de ne posséder ni or, ni argent, de n'emporter pour la route ni bourse, ni besace, pas de pain non plus, pas de bâton, pas de chaussures et encore moins de tunique de rechange. François, qui a saisi l'essentiel de la lecture faite en latin, s'écrie transporté de joie : « Voilà ce que je veux ! Voilà ce que toute mon âme désire ! » A l'issue de la messe, François se fait expliquer par le prêtre point par point les paroles du Seigneur. Aussitôt il désire partir comme les apôtres. Il ne souffre aucun retard et veut mettre en pratique ce qu'il vient d'entendre. Le simple vêtement qu'il porte lui semble un luxe excessif. Il délace ses chaussures, jette son bâton et ne garde qu'une tunique. Il se confectionne ensuite un habit taillé dans une toile rugueuse ; il lui donne la forme de la croix du Christ et comme ceinture il se satisfait d'une vulgaire corde.

Rayonnant, il s'en va par les chemins, pieds nus, prêcher la pénitence. Il parle un langage simple que tous comprennent. Il dispense un enseignement à un auditoire varié toujours plus large. Il s'installe momentanément dans l'école presbytérale de l'église Saint-Georges — l'école même où, enfant, il a appris à lire un peu de latin à quelques pas de la maison de ses parents.

Un mot revient sans cesse dans ses paroles, c'est le mot « paix », comme une obsession. En ces temps de dissensions, de guerres factieuses, François annonce avec flamme la concorde et la réconciliation : « Que le Seigneur vous donne la paix ! » Bien que de petite taille, François s'impose auprès de foules qui s'attroupent nombreuses partout où il passe. Son verbe sans artifice fascine. Son regard clair va droit au cœur des hommes et des femmes de toutes conditions et de tous âges que son exemple impressionne.

3. La naissance de l'ordre et son développement

Les premiers frères

Deux ans se sont écoulés depuis le geste officiel de sa renonciation à toute richesse en présence de son père et de l'évêque Guido. Aujourd'hui, en ce printemps 1208, François confirme son engagement vers une pauvreté encore plus totale, à laquelle il ajoute le service de la parole auprès de ses frères, auprès de tous ceux qu'il rencontre sur sa route et qui ont soif de pénitence et de paix. Quelques-uns parmi ses auditeurs souhaitent partir à sa suite, devenir eux aussi des *poverelli* errants et joyeux.

Le premier véritable disciple de François s'appelle Bernard — Bernard de Quintavalle. C'est un riche notable. Il héberge un soir François dans sa maison d'Assise et lui exprime le projet de partir comme lui prêcher l'évangile. François dit clairement à son hôte les contraintes d'un tel choix, mais préfère que l'ordre de s'en aller sur les routes vienne de Dieu lui-même. C'est ainsi que le lendemain matin, avec un autre candidat à la conversion, Pierre de Catane, juriste de son état, Bernard et François se rendent à l'église Saint-Nicolas. Après s'être recueilli, François se dirige vers l'autel et par dévotion pour la trinité divine ouvre à trois reprises l'évangile qui se trouve sur l'autel. La triple ouverture du saint livre confirme Bernard et Pierre dans leur résolution. « *Si tu veux être parfait, va, vends tous tes biens et donne l'argent aux pauvres.* » Telle est la première lecture suivie de deux autres passages que François trouve sous ses yeux et proclame à ses nouveaux amis : « *Pour voyager, n'emporte rien. (...) Si quelqu'un veut venir à ma suite, qu'il renonce à lui-même, qu'il prenne sa croix et qu'il me suive.* » François remercie le Seigneur de lui avoir fourni ainsi une véritable règle pour lui-même et pour tous ceux qui à l'avenir voudront se joindre à lui.

Le recours à cette ouverture de l'évangile suppose de la part de François une confiance totale dans la grâce divine et ce geste pour lui ne s'apparente en aucun cas à un jeu de hasard. Loin de tout propos divinatoire, il entend modeler sa vie sur les paroles mêmes de Jésus.

Sans hésiter davantage, Bernard vend toutes ses propriétés, déterminé à donner aux pauvres l'argent ainsi retiré. Pierre, bien que beaucoup moins fortuné, fait de même avec ses quelques biens. Ce n'est pas sans clameurs que s'opère la distribution aux miséreux accourus des quartiers et des faubourgs les plus insalubres. On se précipite pour recevoir cette manne inespérée. Les déshérités s'attroupent pour glaner une part d'héritage qu'ils n'attendaient pas.

Si cette folie fait des heureux, elle indispose plus d'un bourgeois : la dilapidation soudaine d'un patrimoine, acquis lentement après des années, voire des générations, de labeur et de prudente gestion, dérange la sage morale des notables et suscite leur acrimonie, même si aucun mal ne leur est fait directement.

Un prêtre nommé Sylvestre, chanoine de Saint-Rufin, voyant ces largesses inconsidérées, se rappelle que François ne l'a pas suffisamment dédommagé pour des pierres fournies au moment du chantier de Saint-Damien. Il voudrait bien recevoir ce qu'il pense être son dû. Entendant ses réclamations, François réagit, selon son habitude, d'une manière absolue et théâtrale : il s'approche de Bernard, met la main dans la pèlerine où celui-ci a mis en vrac son argent et puise à pleines poignées des pièces de monnaie qu'il remet à l'avare. Sylvestre, satisfait, s'en retourne chez lui ; mais, ébranlé dans sa conscience, il regrette bientôt sa cupidité et s'en va demander pardon à François ; mieux, le jour venu, il fera sienne la pauvreté la plus totale et viendra grossir la famille des premiers franciscains.

Ils s'en vont deux par deux

Le printemps et l'été 1209 voient les débuts heureux de la petite communauté qui s'est établie auprès de Sainte-Marie-des-Anges. Une simple hutte tient lieu d'habitation. Mais il ne saurait être question de s'installer. Avec Gilles, le nouveau converti, un jeune homme simple, illettré mais plein de droiture, François s'en va évangéliser la Marche d'Ancône, ces régions montagneuses qui, à l'ouest de l'Ombrie, finissent par descendre vers l'Adriatique. Les deux autres compagnons partent également dans une direction différente. Spolète et plus au sud Riéti reçoivent ainsi la visite de François et de ses frères. A des périodes de voyage et de prédication succèdent des temps de vie collective et pieuse à la Portioncule. Action et contemplation alternent dans l'existence des frères. A la fois prêcheurs itinérants et moines sédentaires, ils expérimentent un idéal de vie calqué sur l'exemple des premiers chrétiens : ils vivent de leur travail ou d'aumône, et mettent tout en commun ; ils donnent le superflu aux pauvres, ne gardant jamais rien pour le lendemain. De nouvelles recrues viennent grossir la petite collectivité — parmi lesquelles Philippe et Ange Tancrède — si bien que leur nombre atteint bien vite celui des apôtres.

Aux exigences de la pauvreté s'ajoutent celles de la joie et de l'amitié. En toute circonstance, les compagnons doivent s'entraider, se secourir. Les mauvais traitements que leur infligent les incrédules sont acceptés comme des bienfaits. Si la jalousie ou la méchanceté apparaissent au sein du groupe dans le cœur même des frères, le repentir, le pardon et la réconciliation viennent bientôt tout aplanir. François, en bon père, veille sur sa petite famille avec tendresse.

Sous la protection du pape

Au début de l'année 1209, alors que l'hiver est rude, François, blotti dans sa cabane, commence à rédiger à partir de quelques versets évangéliques une courte règle destinée à fixer les grandes lignes de ce qui doit constituer les fondements d'un ordre religieux nouveau. D'autres ordres monastiques existent au sein de l'Église, mais aux yeux de François aucun ne satisfait sa soif de pauvreté évangélique et de présence au monde. La communauté est encore restreinte, mais l'accueil favorable reçu le plus souvent pousse l'enthousiaste fondateur de cette nouvelle confrérie de pénitents encore informelle à solliciter une protection et une reconnaissance officielles. Le printemps venu, alors que le texte de la règle est complètement rédigé, François et ses onze compagnons décident d'aller à Rome ne désespérant pas de rencontrer le pape lui-même.

Habitués à voyager deux par deux, les douze sentent la nécessité d'une autorité capable de mener à bien l'expédition. Frère Bernard est choisi par tous pour assumer ce rôle de guide. François sait ainsi s'effacer préférant une position subalterne : on reconnaît là son humilité, mais aussi son esprit d'indépendance et sa répugnance à commander, à organiser.

Arrivés à Rome, les compagnons rencontrent Guido, l'évêque d'Assise, qui se trouve là de passage. Le prélat assisiate, qui a toujours soutenu François, ne cache pas sa joie devant les intentions de la communauté. Rompu aux méandres de la politique romaine, il échafaude une stratégie afin d'atteindre le souverain pontife : son ami le cardinal Jean de Saint-Paul servira d'intermédiaire. Les douze vagabonds sont reçus par Son Éminence cardinalice qui leur offre l'hospitalité. François est questionné quant à son projet : il fait montre de persuasion et de ténacité, tant et si bien que le cardinal d'abord circonspect se laisse finalement fléchir et accepte de défendre sa cause auprès de la curie et du pape. Toutes les démarches ayant été menées à bien, une audience est enfin rendue possible. Entouré de ses cardinaux, le pape reçoit François et entend sa requête. Devant l'ambition du dessein de ce petit homme, Innocent III, qui a l'expérience du pouvoir et des affaires de ce monde, entrevoit aussitôt son caractère irréalisable : en l'absence de toute propriété, de tout établissement stable, une institution, aussi saine soit-elle, ne saurait survivre ; il l'enjoint, lui et ses frères, à entrer dans un ordre qui a déjà fait ses preuves. Cependant la détermination de ce drôle de visiteur, sa foi si pure, ébranlent la prudence du pontife : une nouvelle entrevue est fixée pour le lendemain. Bien que prévenu contre tout risque d'hérésie et particulièrement contre tout irréalisme dangereux pour l'unité de l'Église, Innocent III veut réfléchir ; il temporise et préfère s'en remettre à la prière avant toute décision concernant cet étrange *poverello* venu d'Assise. François prie également le Seigneur Dieu de lui venir en aide.

Quand les deux hommes se rencontrent à nouveau, le ton n'est plus le même. François, se faisant le troubadour de Dieu, raconte à Sa Sainteté une fable qui lui a été inspirée au cours de sa méditation : « Une pauvre femme vivait au désert. Un roi, qui passait par là, séduit par sa grande beauté, en fit sa maîtresse. De cet amour naquirent des enfants qui grandirent en âge et en sagesse ; ils devinrent aussi beaux que leur mère. S'inquiétant pour l'avenir, la femme du désert s'en vint un jour trouver le roi pour solliciter son aide et sa protection. Le roi la rassura aussitôt lui déclarant que ses fils avaient place à sa table de plein droit et qu'ils méritaient son affection beaucoup plus que certains profiteurs qui vivaient à sa cour. » Ayant achevé le récit de cette parabole, François explique qu'il est lui-même comme la femme du désert et qu'il sollicite une juste reconnaissance pour ses enfants spirituels.

Le pape, conquis, reçoit le récit comme un message venu de Dieu. A son tour il prend la parole et fait part à François d'un songe dont il comprend maintenant la signification : pendant son sommeil l'église Saint-Jean-de-Latran lui est apparue en train de vaciller ; elle se serait écroulée sans la venue d'un petit religieux chétif qui réussit à la maintenir et à la redresser. Ce rêve — Innocent III en est certain — affirme que François par son action et par son enseignement soutiendra l'Église du Christ.

Cet échange de récits interprétés comme la parole même de Dieu n'est pas pour nous surprendre : au Moyen Age tout ce qui parvenait à la connaissance des hommes en dehors du contrôle de la raison était entendu comme provenant de Dieu ; ainsi les songes, les divagations où conduit la fantaisie, les paroles des fous étaient sentis comme autant de voies privilégiées par lesquelles le Seigneur se révèle aux hommes. Sans nier les vertus de la rationalité, le mysticisme médiéval n'a pas oublié la leçon de saint Augustin et sa foi dans l'illumination intérieure.

François reçoit de la part du pape une approbation orale pour sa règle ; il est autorisé officiellement à prêcher la pénitence ; pourront également prêcher ceux qui en auront reçu la mission de François. De la main même du cardinal Jean de Saint-Paul les douze reçoivent la petite tonsure qui fait d'eux des clercs ; ils iront ainsi porter la bonne parole, relevant directement de l'autorité ecclésiastique et

Le songe d'Innocent III (Giotto, Assise, Basilique Saint-François, 1297-1299). © *Alinari Anderson-Giraudon.*

échappant de ce fait à la juridiction des princes et des communes. Portant le nom de frères mineurs, ils sont désormais des petits frères qui jouissent de la bienveillance de l'Église et du pape. L'approbation n'est encore qu'orale, mais Innocent III se souviendra de sa promesse lorsqu'en 1215, au concile

L'approbation de la règle par Innocent III (Giotto, Assise, Basilique Saint-François, 1297-1299). © *Alinari-Giraudon.*

de Latran, au moment d'interdire toute nouvelle règle, il fera exception pour les mineurs.

Tout joyeux les frères quittent Rome et reprennent la route du nord. Partout où ils passent ils cherchent à convertir les cœurs par leurs paroles et leur exemple. François a le don de convaincre grâce à des prêches spontanément savoureux et animés dits pour les plus simples, pour les plus démunis. Après un séjour de deux semaines à Orte au nord du Latium, voici nos compagnons de retour à Assise. La cabane de la Portioncule apparaît désormais trop exiguë.

Rivo Torto

François et ses amis doivent s'établir non loin de là dans une autre masure, un peu plus spacieuse, construite dans le coude d'une rivière, à Rivo Torto. Mais la maison ne leur appartient pas pour autant : bien qu'abandonnée et délabrée, la cabane n'est occupée qu'après autorisation de la part de ses propriétaires et finalement ne sert que de lieu de retrouvailles entre deux randonnées évangéliques. Le séjour à Rivo Torto, quand bien des années se seront écoulées, apparaîtra comme l'âge idéal du franciscanisme le plus authentique.

A la fin du mois de septembre 1209, Othon de Brunswick passe devant Assise avec son armée et toute sa suite. Son concurrent, Philippe de Souabe, étant mort assassiné l'année précédente, Othon, qui a été couronné à Rome le 4 octobre, plus que jamais peut s'affirmer comme le seul et unique empereur, successeur d'Henri VI. Toute la population accourt pour jouir du spectacle. François reste dans sa cabane et interdit à ses frères d'aller voir le défilé. Il refuse, pour lui-même et pour ceux qui le suivent, le spectacle des honneurs et de la puissance terrestres, le chatoiement des drapeaux, les éclairs des armes et le son victorieux des trompettes qui avaient nourri ses rêves de jeunesse. Seul un des frères est dépêché auprès de l'empereur pour lui rappeler que sa gloire sera de courte durée. En novembre 1210, Innocent III, après l'avoir soutenu, l'excommuniera. A la diète de Nuremberg, en 1211, Othon sera déposé et remplacé par Frédéric II Hohenstaufen, roi de Sicile, fils d'Henri VI.

La période de vie à Rivo Torto s'achève bientôt, pour une raison bien modeste, mais qui est le reflet même de l'esprit de François. Un jour, un paysan vient réclamer l'endroit pour y loger son âne. Les frères, sans manifester le moindre regret ni la moindre colère, abandonnent leur habitation et doivent s'en retourner à Sainte-Marie-des-Anges. Là ils retrouvent le lieu où tout a débuté et décident d'en faire le point de ralliement de tous les frères dont le nombre ne cesse de croître. Bien qu'ayant réparé le petit sanctuaire, François ne saurait en disposer. Le petit édifice appartient aux camaldules du mont Subasio. L'évêque Guido intervient auprès des moines et obtient pour les mineurs la donation de la chapelle et du terrain qui l'entoure. Même si François n'en accepte que la jouissance à titre précaire, ce sera le foyer même de l'ordre, là où afflueront les nouveaux frères et où reviendront les anciens de retour de leurs vagabondages apostoliques.

Le charisme de François et la ferveur des frères

Des postulants toujours plus nombreux demandent à entrer dans la communauté qui réunit des hommes très différents les uns des autres, issus de milieux variés. Mais tous ont en commun d'avoir été entraînés à la suite de François, subjugués par ses paroles et par sa façon de vivre. L'idéal proposé est simple et fou à la fois ; devenir semblable au Christ, en toute humilité, mais avec vigueur et détermination. En sa qualité de fils de Dieu chaque frère doit rendre grâce et exulter sans cesse ; il doit s'émerveiller à chaque pas, à chaque rencontre, retrouvant le souffle divin parmi ses frères et la marque du Tout-Puissant dans toutes les créatures. Cette action de grâce perpétuelle ne signifie pas insouciance et mollesse. Dur et exigeant au plus haut point avec lui-même, François donne l'exemple de cette existence apparemment contradictoire : il danse chemin faisant, imitant à l'aide de deux bâtons un joueur de viole pour chanter et remercier son Seigneur de la douce chaleur du soleil ; mais, si une tentation charnelle l'assaille, il n'hésite pas à punir son corps en se jetant dans l'eau glacée d'un fossé.

La personnalité de François — hors du commun — joue dans cet effet d'entraînement : ce petit bonhomme chétif, aux cheveux châtains, à la barbe clairsemée, sait regarder tous ceux qui se présentent à lui, ses yeux limpides exprimant tour à tour la sévérité, la bienveillance ou la ferveur. Son sens de la poésie et du symbole lui inspirent des gestes éloquents et généreux. Aux compagnons de la première heure comme Bernard, Pierre, Gilles, Sylvestre, Philippe ou Ange Tancrède, se joignent de nouveaux frères de haute vertu. Massée, dont tous admirent l'intelligence et la pieuse éloquence, est à sa manière un franciscain authentique, même si François doit lui donner à l'occasion quelques leçons d'humilité. Léon, le doux Léon, n'est que simplicité et pureté. Rufin a fait de sa vie une prière perpétuelle que ne viennent interrompre ni le travail ni le sommeil. Genièvre est parfait de patience et d'humilité, mais un brin fantaisiste ; il sera surnommé le Jongleur de Dieu. Les autres s'appellent Roger, Lucide, Jean, Guillaume... En l'absence de tout noviciat, François s'en remet à leur seule bonne volonté. Parmi les recrues les notables côtoient les petites gens : ce creuset social trouve son unité dans la pauvreté et l'humilité. Mais l'arrivée à l'intérieur de l'ordre d'intellectuels et de puissants, malgré leur pureté d'intention, laisse présager les difficultés futures préjudiciables à l'idéal du fondateur. A Cortone, François convertit et emmène avec lui Guy Vagnotelli, un riche et noble chevalier ; dans cette ville, il convainc également Elie Bombarone, homme appelé à occuper de grandes responsabilités dans l'ordre, admiré ou honni par les uns ou les autres, le plus souvent redouté. A Florence se joint aux frères Jean Parenti, un docteur de l'université de Bologne : alors qu'il exerce des fonctions de juge, il renonce à tout pour se faire mineur. Un autre savant légiste de Bologne, Nicolas de Pepoli, vient grossir les rangs de ces intellectuels qui ont choisi la sainte ignorance franciscaine. Même s'il ne condamne pas le savoir et l'intelligence, François propose une voie étroite qui mène à la simplicité d'esprit dont parlent les

Béatitudes : un *fraticello*, quel qu'il soit, doit se laisser pénétrer par un esprit d'enfance fait de naïveté et de spontanéité.

La vocation et la sainteté de frère Jean sont exemplaires de cet idéal de simplicité. François, passant un jour à proximité d'un hameau dans la campagne d'Assise, est rejoint par un jeune garçon, un certain Jean, accouru du champ où il était occupé à labourer. L'adolescent demande à entrer parmi les frères afin de servir Dieu. François voyant sa belle sincérité lui répond : « Frère, si tu veux partager notre vie, donne aux pauvres ce que tu possèdes ; dépouille-toi de tous tes biens. » Aussitôt, Jean détèle un des bœufs et s'apprête à le vendre, considérant que c'est la part d'héritage qu'il mérite pour avoir suffisamment travaillé. François sourit devant un tel élan. Mais la famille bien vite accourt en larmes, regrettant probablement davantage la perte du bœuf que le départ du fils. François les rassure : « Ne vous tourmentez pas, je prends mon frère Jean, mais je vous rends le bœuf. » François s'attache alors à Jean, lui vouant une grande admiration, tant il est simple. Le jeune garçon, voulant imiter en tout François son modèle, se met à reproduire tous ses gestes : si le maître tousse, le disciple tousse également ; s'il soupire, il soupire ; Jean et François se trouvent ainsi à lever les mains, à marcher, à s'asseoir en même temps. François, agacé par un tel mimétisme, lui demande les raisons de ce comportement. Mais entendant le fervent désir de son frère d'être en tout point semblable à son maître, il se réjouit d'une telle simplicité et lui demande affectueusement de ne plus continuer. Jean est si inno-

Le poverello
(Margaritone,
Arezzo,
Musée
d'art médiéval,
ant. à 1240.)
D.R.

cent, si naturellement doux, qu'il fait l'admiration de tous : sa bêtise est reconnue comme un modèle de tendre vertu, même par les esprits les plus éminents que compte la famille franciscaine.

François et ses sœurs

Si la pauvreté et l'humilité constituent l'essentiel de l'idéal franciscain, s'ajoute une autre exigence absolue : la chasteté. Au cours de sa libre jeunesse François connut étourdiment les plaisirs de la vie. Quelques années plus tard, le converti ne voit dans ce passé frivole que péché, et, décidant de vouer sa vie à Dieu, il la libère de tout attachement charnel. Mais la chasteté de François n'est pas un angélisme tranquille ; c'est un véritable combat. On le voit lutter contre la tentation et adopter une règle de vie stricte pour fuir le péché. Nourri par la grande tradition biblique et selon les conceptions médiévales de la sainteté, la femme lui apparaît comme l'éternelle tentatrice. Il faut éviter la fréquentation des femmes : « Il est aussi facile de leur parler sans être contaminé, que de marcher dans le feu sans se brûler les pieds », dit-il reprenant une comparaison scripturaire. Aux prises avec celles que ses sermons séduisent, il ne répond que par monosyllabes, baisse la tête et se réfugie dans le silence, ou bien lève les yeux au ciel. Il se limite à écouter ses sœurs en confession et leur parle uniquement pour les exhorter à devenir meilleures.

Malgré ses préventions contre les femmes, deux d'entre elles — Claire et Jacqueline — ont occupé une place déterminante dans sa vie : elles ont été ses amies très chères, à la fois ses disciples et ses conseillères. Il rencontre la première à Assise vers 1210-1211 ; elle est de treize ans sa cadette. Il fait la connaissance de la seconde à Rome en 1212 ; c'est une jeune mère de famille. Toutes deux appartiennent à l'aristocratie. Ces personnalités d'exception que sont Claire et Jacqueline trouvent en François le révélateur de vérités longtemps recherchées. Auprès de ses amies, le *poverello* découvre d'abord la douce et simple amitié, mais aussi, bien vivantes, les Béatitudes que proclame l'évangile.

Sœur Claire

Claire naît à Assise en 1194. Son père, Favarone di Offreduccio, est respecté dans la cité pour sa noblesse et sa puissance économique. Lui et les siens possèdent une solide demeure près de Saint-Rufin. La mère de Claire, Ortolane, est une femme aussi pieuse qu'intrépide : elle a fait plusieurs pèlerinages, notamment celui de la lointaine Terre sainte. La famille de Claire appartient aux *majores*, aux aristocrates qui au cours du printemps 1198 ont subi le soulèvement des *minores*, ces nouveaux riches avides de pouvoir. Le jeune bourgeois François — sans le savoir — a combattu avec ardeur et détermination la famille où venait de naître sa future amie. Le combat sans merci a pour conséquence l'expulsion des féodaux : Favarone et les siens se réfugient d'abord dans leur château de Coccorano, puis c'est à Pérouse qu'ils doivent se replier. L'exil dure jusqu'en 1203, lorsqu'un premier accord est conclu entre nobles et bourgeois. Les prisonniers et les exilés peuvent rentrer à Assise : François et Claire, sans soupçonner l'amitié qui un jour doit les unir, retrouvent ainsi leur cité natale. Claire est une enfant intelligente et passionnée, profondément pieuse et très tôt décidée à consacrer sa vie à Dieu. Certains voient déjà en elle une sainte.

Le 9 novembre 1210 sur la place d'Assise les *majores* et les *minores* prêtent serment et signent une *charta magna* garantissant la paix civile. Les droits féodaux — tel le servage — sont abolis, mais les seigneurs reçoivent des dédommagements et peuvent garder leurs terres. A cette réconciliation générale François a grandement participé. Suit alors pour la commune une période de stabilité. Dans ce climat de sérénité retrouvée, Favarone rêve pour sa fille d'un beau mariage et se préoccupe de conclure une alliance favorable avec quelque famille d'un rang convenable. Mais la jeune fille ne l'entend pas ainsi, ayant choisi la vie religieuse avec détermination. Sa vocation est confortée par l'exemple de François dont elle a d'abord une connaissance indirecte : ses amies, ses parents lui parlent du fils de Pierre de Bernardone qui a renoncé à tout pour prêcher la parole de Dieu ; elle entend de toutes parts les prodiges qu'accomplit François et sa petite communauté. Bientôt à la rumeur succèdent des témoignages plus précis. Rufin, son cousin germain, est prêt à partir à la suite du *poverello* ; il lui montre combien est fascinante la voie de la pauvreté évangélique. Quand enfin elle entend dans l'église de sa paroisse les homélies de François lui-même, elle déborde de joie. Grandit en elle le désir de rencontrer celui qu'elle considère déjà comme son maître. François pour sa part souhaite également connaître Claire dont on lui loue la grande sainteté.

L'entrevue a lieu dans la campagne entre Assise et Sainte-Marie-des-Anges. Claire, qui a quitté en secret la maison paternelle est accompagnée de sa parente, voisine et amie Bona di Guelfuccio. François est quant à lui escorté de frère Philippe. Cette rencontre est le début d'une grande aventure. François a trente ans, Claire en a dix-sept. Les réunit un même amour pour le Christ. Ils éprouvent l'un pour l'autre une grande tendresse, mais cette tendresse se perd dans le don total qu'ils font d'eux-mêmes à Dieu. Claire est plus que jamais convaincue que la stricte obéissance à l'évangile est la vie qu'elle entend mener avec force et ferveur.

Pendant le carême 1212, François prêche à Saint-Rufin. Pour Claire ces paroles, douces et rudes à la fois, sont le dernier cheminement, avant son engagement définitif. En secret elle échafaude avec ses amis un départ irréversible vers une autre existence.

Le dimanche des Rameaux arrive. L'heure est proche. Pendant la cérémonie de remise et de bénédiction des rameaux Claire semble tendue. Ses pensées sont ailleurs. Ses proches remarquent son attitude inaccoutumée. La fête se poursuit lentement et, le soir venu, Claire peut enfin se retirer dans sa chambre. Lorsque toute la maisonnée est endormie, la jeune fille, aidée de sa confidente Bona et escortée de quelques amis sûrs, s'enfuit par un passage dérobé et traverse la ville jusqu'à la porte la plus proche pour rejoindre la plaine en direction de

Sainte-Marie-des-Anges. Au loin, la chapelle apparaît éclairée de flambeaux. François est là ; il l'attend avec ses frères.

Suit une cérémonie surprenante : François, qui pourtant n'est qu'un simple diacre, préside à son introduction dans la vie religieuse. Claire se dépouille de ses vêtements séculiers et revêt une robe grossière ; elle échange sa ceinture contre une simple corde, préfère à ses chaussures des sandales de bois. François s'approche d'elle et coupe ses longs cheveux blonds : elle reçoit alors la tonsure des moniales, symbole de leur renonciation aux futilités de ce monde. Ayant reçu le voile, elle prononce les trois vœux conventuels et jure obéissance à son père François.

La nuit même, elle est accompagnée au couvent bénédictin de Saint-Paul, près de Bastia, sur la route qui mène de Sainte-Marie-des-Anges à Pérouse. Elle passe la semaine sainte auprès des religieuses. Quelques jours s'écoulent et il faut la conduire bien vite ailleurs, car sa famille se fait menaçante. Elle doit se réfugier dans un autre couvent de bénédictines, Saint-Ange de Panso sur le mont Subasio. Sa sœur Catherine l'ayant rejointe, pour devenir sœur Agnès, elle doit à nouveau subir les assauts de son père fou de rage. Mais devant la fermeté absolue de ses deux filles, Favarone et ses hommes de main battent en retraite.

Claire et Agnès n'ayant pas l'intention de devenir bénédictines et souhaitant fonder une congrégation spécifique, François doit se préoccuper de trouver pour elles un foyer — le point de départ d'un nouvel ordre féminin, le deuxième ordre fran-

François coupe les cheveux de Claire (Maître anonyme, Assise, Basilique Sainte-Claire, 1283). © *Giraudon*.

Règle de vie écrite par François pour ses sœurs de Saint-Damien (1212)

« Puisque, par inspiration de Dieu, vous avez voulu devenir filles et servantes du très haut et souverain Roi, le Père des cieux, et puisque vous vous êtes données comme épouses à l'Esprit Saint en adoptant une vie conforme à la perfection du saint Évangile, je veux et j'en prends l'engagement, avoir toujours, par moi-même et par mes frères, pour vous comme pour eux, un soin attentif et une affection toute spéciale. »

ciscain après celui des frères mineurs. François réussit à obtenir pour ses sœurs un asile cher à son cœur, Saint-Damien, que les camaldules du mont Subasio lui concèdent.

Séduites par l'exemple de Claire et d'Agnès, de nombreuses jeunes filles viennent se joindre à elles. C'est ainsi que sous le bienveillant patronage de François est fondé, d'une manière encore officieuse, l'ordre des pauvres dames de Saint-Damien, dites aussi damianites ou plus souvent clarisses. Pacifica, Benvenuta, Illuminata, Concilia, Balvina, Filippa, Giacoma constituent la première famille de Claire. Elles seront cinquante en 1228 et progressivement Saint-Damien essaimera en Ombrie et ailleurs. Ortolane, la mère de Claire et d'Agnès, devenue veuve, ralliera elle aussi la communauté de Saint-Damien.

A la différence des frères mineurs qui vont par monts et par vaux annoncer la bonne nouvelle, les clarisses sont cloîtrées. Mais pour le reste, elles adoptent les règles de vie proposées par François : la pauvreté absolue, le travail, la joie, la simplicité et la prière — une perpétuelle action de grâce.

Frère Jacqueline

François rencontre son autre grande amie, Jacqueline de Settesoli, à Rome, en 1212, l'année même de la prise de voile de Claire.

Jacqueline est moins jeune que Claire : Dame Jacqueline a vingt-deux ans ; elle est mariée à Gratien Frangipani qui appartient à une très ancienne *gens* romaine propriétaire de vastes territoires. Elle est également de noble origine, peut-être issue d'une famille normande de Sicile. Jacqueline de Settesoli n'a pas laissé dans l'histoire religieuse un souvenir aussi brillant que Claire d'Assise ; mais elle est pour François un modèle de fermeté, un solide disciple de Jésus-Christ. A cause de cette manière virile de vivre l'évangile, François se plaît à l'appeler frère Jacqueline. Chaque fois qu'il se rend à Rome, il trouve auprès d'elle une source de réconfort et reconnaît en elle les vertus qu'il ne cesse de proclamer partout où le portent ses pas. Jacqueline, l'amie fidèle, sera présente à Sainte-Marie-des-Anges le 3 octobre 1226, pour assister à la mort de François et l'entourer de son affection en bon frère qu'elle aura toujours été pour lui.

Les créatures

Au cours de ses pérégrinations en Ombrie, en Toscane, dans le Latium ou dans les Marches, François rencontre des foules toujours plus nombreuses. De bouche à oreille sa venue est annoncée dans les villes et dans les villages ; et quand il arrive en un lieu, les cloches sonnent et la population est déjà prête à l'accueillir, l'acclamant et le vénérant désormais comme un saint. François est attentif à tous et se soucie du salut de chacun.

La bienveillance de François, si elle se porte d'abord sur ses frères les hommes, se tourne également vers toute la création, vers toutes les créatures de Dieu.

L'épisode de la prédication aux oiseaux, si emblématique de la spiritualité franciscaine, se passe probablement aux alentours de cette année 1212. François marche dans la campagne, à l'autre extrémité de la plaine d'Assise, il vient de quitter Cannara et va en direction de Bevagna et de Montefalco. Il aperçoit des oiseaux rassemblés par bandes entières sur les arbres et dans les champs environnants. Plantant là ses compagnons de route, il court vers les oiseaux qu'il salue et auxquels il exprime son affection par des gestes éloquents. Les oiseaux à sa vue ne s'envolent pas ; bien au contraire, ils se rassemblent autour de lui. Les frères restés sur la route l'entendent prononcer quelques mots, puis adresser aux oiseaux un véritable sermon, les exhortant à toujours remercier Dieu : « Mes frères les oiseaux, vous avez bien sujet de louer votre Créateur qui vous a revêtus de plumes multicolores, vous a donné des ailes pour voler, vous a gratifiés d'un chant si mélodieux, vous a dévolu pour royaume l'espace et la limpidité, et qui prend soin de vous sans que vous ayez à vous inquiéter de rien. » Les oiseaux aussitôt manifestent leur joie et leur acquiescement de différentes manières, s'approchent davantage de lui,

La prédication aux oiseaux (Bonaventura Berlinghieri, Pescia, Église S. Francesco, 1235). © *Alinari Anderson-Giraudon.*

frôlent sa tunique et, ayant reçu sa bénédiction, s'envolent tous ensemble.

L'épisode, dans sa simplicité, dans sa naïveté apparente, dit beaucoup sur les rapports que François entretient avec les créatures, avec toutes les créatures. L'attitude qui est la sienne vis-à-vis des êtres animés ou inanimés est une amitié fraternelle restée proverbiale. Il voit dans le plus petit caillou comme dans l'homme le plus puissant un reflet du créateur. Il sent autour de lui une relation solidaire qui unit le monde, comme en une grande famille œuvrant pour une même finalité : rendre grâce à Dieu, qui est à l'origine de l'univers et à qui revient tout honneur et toute gloire.

L'eau d'une source, la plus simple fleur des champs, un ver de terre, une cigale, un faisan, des abeilles, des colombes méritent qu'on les admire, qu'on les respecte. Mais François va plus loin : il parle aux créatures, il communique avec elles, il se fait obéir d'elles. Cette faculté, qui peut paraître le fruit d'une illusion ou d'une totale candeur, est perçue par la tradition franciscaine comme l'accession à un état édénique, un retour à une innocence originelle dans un Paradis terrestre où chaque créature est à sa place, selon un ordre parfait voué au service de Dieu.

C'est ainsi que s'éclairent les différentes anecdotes où l'on voit le *poverello* sauvant de l'abattoir des agneaux, redonnant la liberté à une poule d'eau qu'un pêcheur lui a donnée, prenant congé d'un frère Faucon avant de quitter un ermitage, refusant de souffler la flamme d'une lampe de peur d'éteindre son frère le Feu...

François entretient avec les créatures de tous ordres une telle familiarité, une telle intimité, qu'il n'hésite pas à briser la frontière qui isole l'homme du reste de l'univers, sans toutefois remettre en cause sa primauté. Cette immersion dans la création tout entière se retrouve dans ses paroles de tous les jours. Avec humilité, il appelle son propre corps son « frère Ane », véritable bête de somme qui supporte sur tous les chemins la dureté d'une vie de privations. Le frère Léon — dont le nom signifie « lion » — est surnommé par François « son frère le petit agneau de Dieu ». A propos du frère Junipère — ou Genièvre — il dit en plaisantant : « Que n'avons-nous pas tout un bois de genévriers tels que celui-là ? » Et Claire, fidèle à l'esprit de son maître, se considère comme « la petite plante du bienheureux père François ». Ces surnoms peuvent se teinter d'ironie : ainsi ceux qui nombreux s'attachent à l'ordre des frères mineurs d'une manière éphémère sont les « frères Moucherons ».

L'appel de l'Orient

Tous les frères ne sont pas des moucherons. De plus en plus nombreux, des hommes, jeunes ou moins jeunes, répondent durablement à l'appel de François. Le mouvement s'étend à des régions lointaines, partout où les frères sont envoyés en mission, partout où passe le maître lui-même.

Les frères mineurs ne ménagent pas leur peine. François est un voyageur infatigable. Ayant reçu d'Innocent III l'autorisation d'évangéliser les infidèles, le petit pauvre d'Assise, n'ayant pas oublié la fougue chevaleresque de sa jeunesse, tourne ses pas vers l'Orient.

Il y a presque six siècles, en 622, le prophète Mohamed a déclenché la guerre sainte ; depuis cette époque-là, la chrétienté s'est fixé pour mission la résistance, puis la reconquête, face aux sarrasins impies. François veut apporter sa contribution dans ce saint combat. A la recherche d'aventures, prêt à s'offrir en sacrifice, il s'embarque à Ancône, avec un compagnon, sur un de ces navires qui régulièrement partent pour l'Orient.

Les ports italiens comme Ancône, mais aussi Venise, Gênes ou Pise, se sont spécialisés — pour en tirer de grands profits — dans le transport des personnes vers la Terre sainte : ils emmènent ainsi en grand nombre croisés, pèlerins ou commerçants. Malgré l'expérience des équipages, ces voyages sont remplis de dangers de tous ordres.

Très vite, des vents défavorables déroutent le bateau à bord duquel François est monté, et, au lieu de parvenir depuis l'Adriatique dans le bassin oriental de la Méditerranée, le navire s'échoue sur les côtes de l'Esclavonie — l'actuelle Dalmatie. Les espoirs de François s'évanouissent, d'autant qu'aucun bateau ne veut appareiller pour la Syrie. Le petit croisé sans armes, mais aussi sans argent, réussit finalement à se glisser subrepticement dans un navire en partance pour l'Italie. D'abord modeste passager clandestin blotti au fond des cales avec son compagnon, François doit bientôt sortir de son trou pour réconforter l'équipage et les voyageurs lorsque

François sauve des marins (Maître anonyme, Florence, Église S. Croce, Chapelle Bardi, XIIIe s.). *D.R.*

la tempête fait rage et que la traversée s'avère plus que périlleuse.

Revenu à Ancône, François abandonne provisoirement ses projets de mission lointaine pour parcourir à nouveau les sentiers et les routes de l'Italie centrale.

Le solitaire

François semble doué du don d'ubiquité tant ses déplacements sont fréquents. Et pourtant la prédication itinérante ne constitue pas à ses yeux la seule manière de réaliser son grand idéal au service des hommes et de Dieu. François est aussi un contemplatif. Il semble même qu'il soit davantage attiré par la solitude d'un ermitage de montagne que par la poussière des chemins et la ferveur des foules sur les places publiques. Régulièrement il interrompt ses pérégrinations apostoliques pour s'isoler et retrouver dans la prière l'intimité avec Dieu.

Le carême est une période privilégiée pendant laquelle François se retire pour prier et jeûner. Ainsi, en 1213, pendant la nuit qui marque la fin du carnaval, François se fait déposer en secret par un pêcheur sur une île du Lac Trasimène — l'actuelle Ile Majeure, alors inhabitée. Ayant trouvé abri dans une grotte protégée par une abondante végétation, François passe là quarante jours et quarante nuits de privations. Il se limite à entamer les maigres provisions qu'il a emportées avec lui. Seul au milieu des eaux calmes du lac, il contemple la belle nature, il regarde au loin le rivage, ses villages fortifiés, ses collines boisées. Libéré de tout attachement à la terre, il laisse s'élever son âme jusqu'à Dieu.

Le jeudi saint, François est ramené sur la rive. Après avoir participé aux offices des jours saints avec la communauté des hommes, il peut célébrer dignement la solennité de Pâques.

Le troubadour

L'ermite de Trasimène s'alimente à nouveau et, retrouvant ses forces, peut repartir pour une nouvelle mission qui l'emmène notamment en Romagne. Et c'est ainsi qu'au début du mois de mai de cette même année 1213, il arrive, en compagnie de frère Léon, son confident, son secrétaire, en vue du château de Montefeltre — l'actuelle forteresse de San Leo — juché sur un éperon rocheux regardant Saint-Marin. Les deux voyageurs, en s'approchant, apprennent qu'un grand banquet y est donné en l'honneur de l'un des jeunes comtes de Montefeltre qui vient d'être armé chevalier. Toute la noblesse de la région a répondu à l'invitation pour célébrer le grand événement. « Allons là-haut, à cette fête, car, avec l'aide de Dieu, nous y ferons quelque bien spirituel », s'exclame François. Étant entré dans la cour intérieure du château, devant la foule réunie des éminents convives, le petit pauvre d'Assise, sans la moindre appréhension commence à prêcher, prenant pour thème les bienfaits ineffables qui attendent ceux qui savent endurer dans la joie les tribulations d'ici-bas. Pour développer une telle homélie, il prend comme élégant prétexte deux vers de poésie courtoise bien connus de son auditoire :

> *« Si grand est le bien que j'attends*
> *que toute peine m'est plaisir. »*

Les seigneurs, venus là pour festoyer, restent ébahis devant une éloquence aussi nouvelle et aussi sincère. Parmi eux, Messire Roland de Chiusi, gentilhomme toscan du Casentino, est quant à lui transporté de joie. Pour exprimer sa reconnaissance pour tant de dévotion et de profondeur, il propose à François un présent inouï : il souhaite lui donner une montagne, le mont Alverne, lieu solitaire, couvert de bois, propice à la prière et à la pénitence. François, trouvant là ce qu'il recherche depuis longtemps, accepte l'offre généreuse, mais non à titre de propriété : il veut rester l'invité de passage, toujours prêt à reprendre son bâton de pèlerin.

De retour à Sainte-Marie-des-Anges, François exprime le désir de se retirer dans la solitude de façon plus durable. Mais une telle décision est grave. François ne trouve pas de réponse décisive dans l'évangile ; l'exemple de Jésus le porterait davantage à l'action, mais l'attirance du désert est grande... Il décide enfin d'envoyer Frère Massée pour consulter Claire, puis Sylvestre, qui tous deux se sont coupés du monde pour se consacrer à la prière. Quand Massée revient il rapporte une seule et unique réponse : « Notre Seigneur veut que tu continues de prêcher, car Dieu ne t'a pas appelé seulement pour ton propre salut, mais aussi pour le salut des autres. » François se lève et dit : « En route ! » Malgré cette obéissance immédiate et sans nuance, le dilemme entre l'action et la contemplation, entre une vie de prédicateur et une existence d'ermite sera toujours présent dans le cœur du *poverello* et dans l'esprit de ses disciples.

4. Les épreuves

Sur le chemin de Saint-Jacques-de-Compostelle

A la fin de cette année 1213 ou au cours de l'année suivante, le pèlerin d'Assise repart pour rencontrer les infidèles, toujours désireux de convertir les païens et prêt à rencontrer le martyre. Cette fois-ci c'est au Maroc qu'il veut aller — les musulmans ayant été chassés depuis peu d'Espagne. Son propos est ambitieux, car il souhaite s'adresser au sultan lui-même et le gagner à la foi du Christ avec tous ses coreligionnaires. François, embarqué à Pise, se retrouve en Espagne, et commence à suivre une des routes qui mène tout pieux voyageur jusqu'à Saint-Jacques-de-Compostelle. Mais comme à Spolète en 1205, François tombe malade. Voyant là un signe de la volonté divine, l'intrépide pèlerin, à peine remis, rebrousse chemin. Il retourne en Italie par le Languedoc et la Provence ; il fait étape notamment à Perpignan, Montpellier, Lunel, Avignon ; il remonte la vallée de la Durance, passe le col du Mont Genièvre, descend le Piémont et se retrouve en Lombardie, marchant toujours en direction d'Assise, qu'il atteint finalement.

Ce grand voyage ne l'empêche pas de repartir et de cheminer à nouveau sur d'autres routes, parti pour des missions d'évangélisation plus proches, particulièrement le nord du Latium, à Rieti, Narni et Orte. Selon son usage, il interrompt ses déplacements incessants pour demeurer dans quelque ermitage ; c'est ainsi qu'il gravit l'Apennin toscan pour découvrir pour la première fois son royaume d'emprunt, l'Alverne, qui par sa rebutante rudesse comble son attente de solitude. Aussi souvent qu'il le pourra, il retournera sur sa montagne, renonçant cependant à s'y fixer pour de trop longs séjours.

Dominique et François

Pour l'histoire de l'Église romaine, 1215 est une année importante, celle où le pape Innocent III réunit le quatrième concile du Latran : le 11 novembre, le pape convoque les évêques et les rois chrétiens pour mettre en œuvre une réforme destinée à purger l'Église de ses maux et à la rendre ainsi plus ferme pour combattre l'hérésie. Désireux de participer au grand événement, François fait le voyage de Rome. Sa présence est révélatrice d'une volonté d'agir au plus haut niveau pour la sauvegarde de l'Église ; elle nous rappelle également sa règle de stricte obéissance au descendant de saint Pierre et à ses ministres.

François rencontre à l'occasion du concile un autre grand réformateur, Dominique de Guzman, le célèbre saint Dominique. La grande pureté de Dominique, son austérité lui valent le plus grand respect ; mais il est surtout admiré pour ses talents de prédicateur ; armé d'une solide formation théologique, il a prêché en 1205 les Albigeois sur ordre du pape lui-même ; cependant, ses efforts de missionnaire n'ont pas empêché le déclenchement d'une sanglante croisade.

Dominique, comme François, s'est entouré de nombreux émules qui constituent déjà officieusement un ordre, celui des prêcheurs. Les deux fondateurs, qui sont dans l'attente d'une approbation pontificale officielle, bénéficient à Rome d'une grande faveur — malgré d'inévitables réticences. Le concile œcuménique, dans un souci de clarté et d'efficacité, déclare clos le nombre des règles religieuses et impose aux nouveaux ordres l'adoption d'une règle déjà existante : celle de saint Augustin ou celle de saint Benoît. Dominique devra faire sienne la règle augustinienne. Quant à François, il est exempté de cette mesure, puisque sa règle a été approuvée oralement quelques années auparavant : Innocent III n'a pas oublié sa promesse.

Dominique et François se lient d'une sincère amitié. Malgré une certaine différence d'âge — Dominique a quarante-cinq ans alors que François en a trente-quatre — ils se sentent très proches l'un de l'autre : tous deux veulent convertir le monde à la même pauvreté évangélique, celle du Christ sur la croix. Dominique, devant une telle concordance de vues, propose une fusion de leurs deux ordres. Mais François, épris d'indépendance et craignant une orientation contraire à son idéal, décline l'offre : une des spécificités des mineurs est un refus de la science au nom de la pauvreté ; une union avec les prêcheurs introduirait les études dans la vie quotidienne des mineurs et les obligerait à s'installer, à disposer de biens mobiliers et immobiliers liés à la lecture, à l'écriture et à la conservation de livres.

La rencontre amicale de François et de Dominique en 1215 à Rome est le symbole idéal de la concorde parfaite des mineurs et des prêcheurs — concorde que l'histoire démentira le plus souvent.

Tout au long du XIIIe et du XIVe siècle, les deux ordres connaîtront un développement exceptionnel. La tradition les réunit sous une appellation commune — les ordres mendiants — reconnaissant ainsi une unité d'action : dominicains et franciscains, plus dynamiques que les bénédictins ou les cisterciens,

François et Dominique (Benozzo Gozzoli, Montefalco, Église S. Francesco, milieu du XVe s.). © *Alinari-Giraudon*.

ont un contact direct avec le peuple ; ils s'implantent avec succès dans les villes, sachant se faire entendre des différents membres de la nouvelle société. Mais dans ce mouvement de reconquête face à l'hérésie et aux bouleversements sociaux, mineurs et prêcheurs sont souvent concurrents, voire ennemis. Même le message transmis par les uns et par les autres diffère sensiblement : sous l'impulsion de leurs docteurs respectifs — Bonaventure pour les mineurs, Thomas d'Aquin pour les prêcheurs — deux courants théologiques se définissent qui constitueront les deux versants opposés de la culture du Moyen Age finissant.

Mais pour l'heure il n'est pas question d'inimitié, mais bien d'amitié : Dominique et François sont les témoins solidaires du quatrième concile du Latran. Seul le refus de François esquisse ce qui sera plus tard — après la mort des deux fondateurs — une franche rivalité politique et idéologique entre deux ordres religieux devenus tout-puissants.

Le risque de la dispersion

L'ordre des frères mineurs, qui en 1214-1215 ne représente encore aucun pouvoir, continue cependant à grandir. Voyageant par petits groupes, les compagnons de François sont présents dans des contrées toujours plus nombreuses et plus lointaines ; et partout où ils passent, ils recrutent de nouveaux adeptes. A cause du nombre et des distances, les frères finissent par ne pas se connaître tous. François lui-même, malgré ses visites incessantes auprès des uns et des autres, ne peut rester la mère attentive qu'il souhaite être pour ses enfants. Afin de remédier à ce manque de cohésion, François décide de rassembler sa famille, deux fois l'an, en des « chapitres ». Ainsi, à partir de 1214, les frères viennent, parfois de très loin, à la Pentecôte et à la Saint-Michel, pour un rendez-vous général avec leur bon maître, autour de la petite chapelle de Sainte-Marie-des-Anges. C'est à l'occasion de ces chapitres que François peut présider à l'admission définitive des frères postulants.

L'ordre, qui jusqu'à présent, trouvait son unité dans le charisme de François, prodigué au jour le jour, voit sa vitalité originelle se transformer. Des intellectuels, des prêtres, toujours plus nombreux, entrant dans l'ordre et y exerçant leur ascendant, lui donnent une orientation qu'il n'avait pas auparavant. Les nouveaux arrivants sont parfois déjà formés et, malgré leurs efforts, n'arrivent pas toujours à devenir totalement et spontanément de vrais *poverelli*. Symboliquement c'est à cette époque-là, en 1214, que meurt Jean le Simple, le bon petit frère qui n'avait dans la vie que les qualités du cœur, mais que François considérait comme un véritable saint. Viennent le remplacer d'autres frères moins modestes. Cependant nombre de lettrés qui rejoignent l'ordre savent fort heureusement se modeler aux exigences de pauvreté et de simplicité. Thomas de Celano est de ceux-là : en 1215, il devient un franciscain authentique en dépit de sa culture de clerc ; deux ans après la mort de François, il saura mettre ses talents et sa science au service de l'ordre en écrivant, fidèle au fondateur, une première *Vita* pleine de sensibilité et de profondeur.

Le 16 juillet 1216, le pape Innocent III meurt à Pérouse, ville où la cour pontificale vient de s'établir. Deux jours plus tard Honorius III lui succède.

Innocent III et Honorius III sont les deux papes dont les règnes correspondent à la vie adulte de François, à sa vie de converti et de missionnaire. Au premier correspond la phase ascendante de l'action du *poverello*, au second un certain déclin, de grandes difficultés, mais aussi une entrée progressive dans la consolation de Dieu.

A partir de 1216 on assiste au désarroi de François, souvent déconcerté par l'ampleur exceptionnelle de son œuvre dont il commence à désavouer certains aspects déviants. Suivant les conseils des uns ou des autres, ou s'en remettant à la grâce divine, il va réagir avec volonté pour corriger ou canaliser le mouvement. Parfois il préférera prendre ses distances et laisser à d'autres le soin de commander, d'organiser. Car François n'cst pas un dirigeant, encore moins un gestionnaire ; il n'est pas non plus juriste ; s'il est un meneur d'homme, c'est, semble-t-il, malgré lui.

Le pardon général

Quelques jours après l'élection d'Honorius III, François a une initiative dont l'audace peut surprendre. Accompagné de Massée, il se rend à Pérouse et sollicite une audience auprès du nouveau pape. Les deux frères sont admis en présence du souverain pontife entouré de ses cardinaux. Honorius — un homme prudent mais acquis aux idées de François — demande au visiteur l'objet de sa visite. Mais quelle n'est pas sa surprise quand il apprend que le pénitent d'Assise demande une indulgence plénière pour sa petite chapelle de la Portioncule ! En effet François sollicite un privilège jusqu'alors réservé aux seuls croisés qui ont combattu pour la libération du tombeau du Christ.

Cette indulgence plénière signifierait une remise complète — pour tous ceux qui entreraient dans la petite église — non seulement d'éventuelles pénalités ecclésiastiques, non seulement de tous leurs péchés, mais aussi, par voie de conséquence, de tous les tourments du purgatoire qui les attendent dans l'au-delà. Le pape marque un temps d'arrêt devant une telle requête. François insiste ; devant le Saint Père toujours réticent, il a recours à un argument suprême qu'il n'a pas encore osé exprimer : sa demande est la volonté du Seigneur Christ Jésus qui lui est apparu avec sa sainte Mère. Le pape cède ; mais, alerté par ses cardinaux circonspects, il impose une nécessaire restriction au privilège requis : pour la distinguer de l'indulgence de la Terre sainte, celle de la Portioncule sera limitée à un seul jour par an, au 2 août — date anniversaire de la consécration solennelle de la chapelle aussitôt décidée.

François s'en va satisfait, refusant même la confirmation écrite que lui propose logiquement la curie.

Si l'on fait abstraction du commerce abusif dont les indulgences ont fait l'objet — commerce simoniaque stigmatisé par Luther au début du XVIe siècle —, l'octroi d'un tel privilège est un acte authentique de pardon général. L'indulgence de Sainte-Marie-des-Anges reflète un des aspects essentiels de l'idéal de François, hérité de celui de Jésus. Est décrétée l'amnistie pour tous ceux qui sincèrement font acte de contrition et se confessent de leurs péchés. Grâce universelle à tous les humbles pénitents ! François se réjouit ainsi à l'idée de tous ces pèlerins qui pourront se purifier de leurs fautes et entrer au paradis, après avoir franchi le seuil de sa modeste chapelle.

Le généreux François, dur avec lui-même, exigeant avec les autres, a une foi infinie dans la miséricorde divine, qu'il voudrait plénière pour tous les hommes de bonne volonté, comme l'indulgence qu'il a obtenue. Mais, sans le savoir, croyant faire le bien de son ordre, il amorce une popularisation de la Portioncule, nouvelle Terre sainte, lieu de pèlerinage vers lequel afflueront des dévots de tous ordres, souvent candidats à un pardon facile, peu respectueux de la solitude et du silence de Sainte-Marie-des-Anges.

Vers un nouvel ordre

Le 14 mai 1217, le chapitre général de la Pentecôte va marquer un tournant important dans l'histoire des mineurs : des mesures décisives vont être prises, et plus généralement quelque chose est en train de basculer — François en a l'intuition sur le chemin qui le ramène à Sainte-Marie-des-Anges après un périple d'évangélisation.

Moins d'un an après la consécration de la chapelle, affluent vers la Portioncule tous les frères, ceux de la première heure comme ceux de la dernière, ces tout nouveaux arrivants anxieux de connaître le père. Comme les autres, le bon père chemine en direction d'Assise accompagné de quelque frère.

Tout en poursuivant sa route, François inquiet se confie à son compagnon : « Quand je me trouverai au chapitre, les frères me demanderont de prêcher, comme d'habitude, et il faudra bien que je le fasse. Mais que dirai-je si, là-dessus, tous les frères, quand j'aurai fini, se mettent à me crier qu'ils ne veulent plus que je sois à leur tête, parce que je ne suis pas éloquent et instruit autant qu'il convient, et que je suis bien trop simple et trop petit, et qu'ils ont honte d'avoir au-dessus d'eux un chef aussi mesquin et d'aussi piètre mine ? Après quoi, ils me défendront de me considérer désormais comme leur chef, et me jetteront dehors, à ma grande honte ! » François a peur des savants qui se sont introduits parmi les frères. Il serait tenté de fuir, de se dérober à des responsabilités qui désormais l'écrasent.

Arrivé parmi les siens à la Portioncule, après la joie des retrouvailles et la ferveur des premières oraisons, François est prié de prêcher. Bien que certain de se ridiculiser, il décide de prendre quand même la parole et de s'exposer aux critiques ; il le fait par pure humilité afin d'être rejeté par ses frères comme il le mérite... Mais son sermon, si vrai, si profond, au lieu de le condamner, suscite chez ses auditeurs — même les plus savants — une totale admiration. François, croyant s'imposer une épreuve, a montré

François d'Assise (Cimabue, Assise, Basilique Saint-François, vers 1280). © *Alinari-Viollet*.

une fois de plus le pouvoir de son charisme. Malgré ce dénouement heureux, inattendu pour François, il reste que l'épisode révèle un début de coupure entre le fondateur et son ordre : même si le berger aime toujours chacune de ses brebis, l'ensemble du troupeau le déconcerte.

Au cours de ce chapitre du 14 mai 1217, l'assemblée des frères mineurs, compte-tenu des difficultés rencontrées par les uns ou par les autres, décide d'apporter au mouvement les structures qui lui manquent. Étant donné l'ampleur géographique des terres visitées, la constitution de provinces est désormais nécessaire ; chaque province sera dirigée par un ministre. Ces dispositions ne se limitent pas à découper les territoires, où une première évangélisation a déjà été accomplie, mais définissent une politique d'expansion accrue : des frères franchiront les Alpes ou traverseront les mers pour se rendre en France, en Espagne, au Maroc, en Allemagne, en Hongrie, en Sicile... Élie est choisi pour présider la mission la plus lointaine et la plus glorieuse, celle de la Terre sainte. François qui reste à la tête de l'ensemble de l'ordre, décide de se rendre en Provence, puis en France, pour y établir l'ordre.

Ces oiseaux du ciel, que sont les compagnons de François, ne sèment ni ne récoltent ; ils savent que le Père du ciel ne laisse pas mourir de faim ses protégés. Toute organisation régulière, toute prévision leur apparaissent inutiles. Malheureusement les temps changent : le succès est tel que les joyeux vagabonds, les *jucolatores Dei*, doivent penser à se structurer — mais toujours avec l'unique propos de convertir les hommes.

Un défenseur en haut lieu

François se met en route vers le nord. Il s'arrête à Florence. Là, il apprend que le cardinal Hugolin, qu'il a rencontré l'année précédente à Pérouse, séjourne dans cette ville, en mission au nom du pape. Une visite de simple courtoisie s'impose.

Hugolin est un homme déjà âgé, mais extrêmement actif; il appartient à l'aristocratie: il est comte d'Agnani; neveu du pape défunt Innocent III, il est devenu presque naturellement le conseiller du nouveau pontife; évêque d'Ostie et de Velletri, il occupe une place éminente dans l'Église, place qui le conduira au pontificat à la mort d'Honorius III en 1227; il prendra alors le nom de Grégoire IX. En cette fin du mois de mai 1217, Hugolin a été envoyé par Honorius afin de pacifier les républiques toscanes toujours en lutte les unes contre les autres; il doit également les convaincre de participer à la nouvelle croisade.

Le cardinal, qui a une grande admiration pour l'action de son visiteur, se propose de devenir le protecteur de l'ordre; Jean de Saint-Paul est mort l'année précédente et, auprès de la curie, François a besoin d'être défendu: les avis divergent dans l'entourage du pape... Apprenant que François se dirige vers la France pour une longue mission, Hugolin ne cache pas son désaccord: il faut rester en Italie pour veiller aux intérêts des mineurs. Malgré son désir d'aller en France, François comprend les injonctions du cardinal et renonce à sa mission. Guillaume Divini, dit frère Pacifique, un poète de grand renom rentré dans l'ordre depuis peu, prendra la tête des frères qui poursuivront leur chemin en direction de la France.

A partir de cette date Hugolin devient le grand ami des mineurs : c'est lui qui présidera à sa mise en place au sein de l'Église ; il occupera cette fonction d'organisateur que François ne peut pas ou ne veut pas assumer.

Obéissant au cardinal, François s'en retourne à Assise non sans avoir profité de sa présence en Toscane pour rendre visite à « sa » montagne, l'Alverne.

Pendant ce temps, les frères lancés vers de lointaines contrées ne rencontrent pas que des succès. Les missionnaires, qui multiplient les maladresses, sont maltraités par les populations qui se méprennent sur leurs intentions ; on les prend pour des cathares, on se moque d'eux, on les torture, et on les chasse après les avoir dépouillés de leurs vêtements.

Pendant l'hiver 1217-1218, François séjourne à Rome, où il est reçu par Hugolin. Le parrain et le filleul se rendent auprès du pape afin que les mineurs soient placés officiellement sous la protection du cardinal. Constatant la bonne entente des deux amis et comprenant l'autorité morale et spirituelle que garantit l'association, Honorius III accède à la demande.

Au cours de ce même séjour romain, Hugolin ménage une entrevue entre François et Dominique — qui tous deux représentent à ses yeux les piliers d'une future réforme du clergé. Le cardinal, grand stratège de l'Église, demande aux deux hommes de pouvoir recruter parmi leurs frères les plus hauts dignitaires de l'Église. François et Dominique rejettent l'offre au nom de l'humilité à laquelle ils croient par-dessus tout. François ajoute : « Seigneur, si mes frères ont reçu le nom de *minores* c'est pour qu'ils n'aspirent jamais à devenir *majores.* » Ne renonçant pas totalement à son projet de présence active des mineurs et des prêcheurs dans la hiérarchie ecclésiastique, Hugolin doit pour l'heure s'incliner.

Pentecôte 1218

Le cardinal, très présent dans les hautes sphères de la politique romaine, est également attentif à la vie de ses protégés. Pour ce faire, il participe désormais aux chapitres franciscains. En mai 1218, à l'assemblée générale de la Pentecôte, le prélat, arrivé avec l'apparat lié à sa fonction, descend de cheval, se dépouille de ses luxueux vêtements et revêt la simple robe des mineurs. A l'intérieur de la modeste chapelle, il chante la messe. François fait office de diacre et de lecteur. Selon un usage cher aux franciscains, Hugolin procède ensuite au lavement des pieds ; il s'abaisse, suivant l'exemple de Jésus, à devenir le serviteur des plus petits : il ne dédaigne pas de décrasser les pieds de ces pauvres hères qui vont par tous les chemins proclamer l'évangile.

Hugolin est venu à la Portioncule, accompagné de Dominique. Le saint prédicateur est heureux de rencontrer à nouveau son ami François, mais cette fois-ci loin de Rome, au milieu de la multitude des frères. Dominique est étonné par tout ce qu'il voit et entend : pas de bavardages, mais des prières incessantes ; pas de maisons, mais de simples huttes ; pas de paillasses, mais la seule terre nue en guise de lits. Ce qui surprend et inquiète surtout Dominique est l'absence totale d'organisation matérielle : malgré le nombre des pèlerins, l'intendance est inexistante ; les frères se contentent de vivre au jour le jour. François recommande que l'on ne pense qu'à prier et louer Dieu ; il veut que l'on oublie tout souci matériel et que chacun s'abandonne entre les mains du créateur. Dominique trouve tout cela bien imprudent : un minimum de prévoyance s'impose quand on vit en groupe. Mais, voyant que depuis les hameaux avoisinants, mais aussi d'Assise, de Spello et de Pérouse, arrivent spontanément des hommes, des femmes et des enfants chargés de bonnes victuailles, Dominique doit reconnaître le bien-fondé de la confiance de François.

La psychologie des deux hommes, et particulièrement leur comportement en ce jour de Pentecôte 1218, se retrouvera comme par écho dans les deux mouvements d'Église dont ils sont les initiateurs. L'augustinisme, auquel se référeront les mineurs et que développera Bonaventure, donne la primauté à la grâce divine toute-puissante ; même si ce courant de pensée ne nie pas la volonté et la raison, il affirme l'incapacité de l'homme à mériter seul son salut. Le thomisme, qui doit son nom à Thomas d'Aquin et dont se réclameront les prêcheurs et bientôt toute l'Église, donne davantage d'importance aux œuvres et à la responsabilité des hommes, sans toutefois nier la présence divine dans l'histoire. « *A la grâce de Dieu* » et « *Aide-toi le ciel t'aidera* » pourraient être les devises respectives de François et de Dominique, et également celles de leurs disciples par-delà les siècles.

Pentecôte 1219

L'année suivante Hugolin est à nouveau présent au chapitre de la Pentecôte. Le 30 mai, une foule plus importante que jamais est réunie à Sainte-Marie-des-Anges : on ne compte pas moins de cinq mille frères. Cette assemblée correspond probablement au chapitre qui est demeuré célèbre dans l'histoire de l'ordre sous le nom de chapitre des Nattes. On l'a appelé ainsi car, pour abriter toute cette foule, des huttes de branchages et de joncs tressés ont été confectionnées tout autour de la Portioncule, comme autant de modestes cellules composant le plus grand et aussi le plus pittoresque couvent de fortune.

Deux ans auparavant le chapitre général avait envoyé de nombreux frères vers des missions lointaines. Or ces missions ont souvent échoué d'une manière pitoyable. Hugolin décide de donner, pour de tels voyages, des lettres de recommandation permettant désormais aux frères de prêcher en toute quiétude. Quelques jours plus tard, le 11 juin, la bulle papale *Cum dilecti* propose une garantie absolue, étant un édit de la plus haute autorité ecclésiastique adressé à tous les prêtres, prélats et religieux de la chrétienté, afin qu'ils facilitent l'action des mineurs.

Par petits groupes les frères sont envoyés en direction de Tunis, du Maroc, de la France et de la

Grèce. Malheureusement les sauf-conduits qu'ils portent sur eux ne seront pas toujours en mesure de leur épargner brimades et supplices.

Le croisé

Au cours de ce chapitre de 1219, François annonce à tous les frères une grande nouvelle : son départ imminent pour la Terre sainte. Fasciné par l'idée du martyre sur les lieux mêmes où le Christ souffrit sa passion, le petit pauvre d'Assise est prêt à prendre son bâton de pèlerin pour le pèlerinage suprême. Cet appel impérieux que ressent François s'inscrit dans un phénomène plus général, celui de la croisade auquel les chrétiens d'Occident sont appelés à participer depuis deux siècles.

A la fin du XIe siècle, à cause de l'expansion turque jusqu'en Palestine, les lieux saints sont devenus inaccessibles aux pèlerins chrétiens. Dès lors la chrétienté latine se mobilise pour libérer le tombeau du Christ tombé aux mains des infidèles. Un mouvement de guerre sainte se développe, aussi spectaculaire parmi les chevaliers que chez les pauvres gens. L'entreprise, après maintes vicissitudes, arrive à son terme : Jérusalem est délivrée en 1099. Les territoires de Syrie et de Palestine, qui constituent désormais les états chrétiens de Terre sainte, résistent aux assauts ennemis pendant presque un siècle. En 1187, le sultan d'Égypte s'empare de Jérusalem et repousse l'armée franque. Tyr reste la seule tête de pont des croisés en Orient. De nouvelles croisades s'organisent : la reconquête progresse. Mais, malgré la mobilisation des rois et des empereurs, Jérusalem n'est pas reprise. En réalité, les intérêts politiques et économiques liés indirectement aux croisades — et les dissensions qui s'ensuivent — détournent les latins de leur sainte mission. Au début du XIIIe siècle, en Occident, l'émotion est encore assez vive parmi toute la société pour que de nouvelles croisades s'ébranlent — entreprises folles comme des croisades d'enfants parties en 1211 et rapidement dispersées, ou projet plus raisonnable comme la cinquième croisade décidée en 1215 par Innocent III au cours du concile de Latran et lancée par Honorius III.

En 1216, à Pérouse, François rencontre Jacques de Vitry qu'Honorius III vient de sacrer évêque d'Acre pour qu'il prêche la nouvelle croisade. A partir de cette époque-là François attend son heure pour rejoindre les croisés et apporter sa contribution pacifique : la libération du saint Sépulcre pourrait se faire par la persuasion et non par les armes. La décision est enfin prise lors du chapitre du 26 mai 1219. L'apôtre embarque à Ancône avec onze frères le 24 juin.

Le voyage dure un peu moins d'un mois. Vers la mi-juillet le bateau arrive à Saint-Jean-d'Acre, port aux mains des chrétiens. Parmi les frères qui débarquent se trouvent Pierre de Catane et Illuminé de Rieti. Les attendent les frères établis depuis peu en Terre sainte : Élie de Cortone et les compagnons qui ont fait le voyage avec lui l'année précédente. François fait la connaissance avec bonheur de Césaire de Spire, un clerc allemand qu'Élie vient d'admettre dans l'ordre.

Accompagné de quelques compagnons, François se rend en Égypte afin de rejoindre le camp des croisés : les soldats, installés dans la partie orientale du delta du Nil, assiègent sans succès la ville de Damiette depuis plus d'un an. Les chrétiens que François découvre ne correspondent en rien à des soldats du Christ : le doux missionnaire se voit contraint de prêcher la conversion dans le camp même des croyants. Malgré les mises en garde de l'apôtre, les croisés, le 19 août, se lancent à l'assaut de Damiette. Comme pour les attaques précédentes, c'est un échec retentissant que leur infligent les musulmans. Les chrétiens démoralisés, écoutent alors avec davantage de bienveillance les exhortations du *poverello* qui voit entrer dans son ordre de nouveaux amants de Dame Pauvreté.

François prêche les infidèles (Maître anonyme, Florence, Église S. Croce, Chapelle Bardi, XIIIe s.). *D.R.*

Mais François n'a pas traversé les mers pour prêcher les baptisés : il a fait ce long voyage pour convertir les infidèles et s'exposer au martyre. Sans craindre la mort, François accompagné du seul frère Illuminé, un solide gaillard plein de bon sens, se rend chez le sultan d'Égypte Malek el Khamil. Après avoir surmonté maints dangers, les visiteurs accèdent au palais, où le prince condescend à les recevoir, tout intrigué qu'il est par la description que font ses serviteurs. François — bien que ne parlant pas l'arabe — déploie un tel trésor de persuasion et d'authenticité que le sultan s'en trouve ébranlé. Le prince, un homme tolérant, confie son admiration pour un tel témoignage, mais se refuse à abjurer sa foi, à laquelle il tient plus que tout, ne serait-ce que pour des raisons politiques. François, malgré tous ses efforts, ne parvient à obtenir que de la sympathie. C'est un échec : il doit accepter d'être reconduit au camp chrétien.

Le 5 novembre, François assiste terrifié à la prise de Damiette par les chrétiens enfin victorieux. Suit un pillage féroce dans une ville affaiblie par la famine et la maladie. L'apôtre de la paix décide alors de s'en aller, déçu par les siens.

Armé du sauf-conduit que lui a donné le sultan, François est autorisé à se rendre sur les Lieux saints. L'ami de Jésus peut alors goûter la joie indicible et la douleur infinie de suivre les étapes de la vie du Christ et de sa passion. Devant le saint Sépulcre le croyant médite la mystérieuse résurrection.

François séjourne encore plusieurs mois en Terre sainte; peut-être y serait-il resté davantage sans l'arrivée, au cours du printemps 1220, d'un messager, un frère nommé Étienne, venu lui apporter en secret des nouvelles alarmantes d'Italie.

Le Père avant de partir avait laissé les mineurs — pour la durée de son absence — sous la protection de deux vicaires: Grégoire de Naples et Mathieu de Narni. Or ces deux frères, en qui le fondateur avait toute confiance, profitent aujourd'hui de son absence pour modifier la règle: ils se montrent laxistes sur de nombreux points, notamment en ce qui concerne la pauvreté, et par contre ils imposent de nouveaux jeûnes supprimant des journées au cours desquelles François souhaitait que les frères reprennent des forces.

Au moment précis où le messager rapporte ces nouvelles, c'est l'heure du repas. Les compagnons sont attablés et s'apprêtent à manger un plat de viande. Pierre, compte-tenu de ce que vient de dire Étienne, en juriste scrupuleux hésite à se servir. François le rassure et l'invite à manger au nom de l'évangile: en dehors des jeûnes prescrits, il faut s'alimenter normalement pour servir le Seigneur Dieu.

Etienne ajoute d'autres informations, tout aussi inquiétantes: Jean de Capella, un frère qui avait déserté l'ordre dès l'époque de Rivo Torto, s'apprête à fonder une nouvelle congrégation dissidente; frère Philippe, en sa qualité de visiteur des clarisses et avec l'assentiment du cardinal Hugolin, a obtenu du

Saint-Siège des privilèges dont les pauvres dames n'ont nul besoin. Partout on fait courir le bruit que François est mort en Terre sainte et chacun à sa manière se réclame de l'héritage spirituel du *poverello*.

Il faut faire vite. Avec Pierre de Catane, Élie de Cortone, Césaire de Spire et quelques autres, François prend le premier bateau en partance pour l'Italie. A la fin du mois de juillet, les frères arrivent à Venise. Malgré l'urgence, François se fait conduire sur une île déserte de la lagune ; et là, dans la solitude et la prière, il se prépare à la grande épreuve.

Colère et soumission

Après cette retraite, les frères se remettent en chemin. Arrivés à Vérone ils apprennent qu'à Bologne, la grande ville universitaire, des mineurs se sont installés dans une maison, de manière stable, au milieu des livres et des parchemins. François, fou de colère, ordonne depuis Vérone que la maison soit démolie sur-le-champ et que les frères reprennent une vie errante conforme à la règle. Pour ne pas se heurter ou se compromettre avec ses frères bolonais, François décide d'éviter la ville, empruntant un autre itinéraire. Le cardinal Hugolin, qui se trouve précisément en légation à Bologne, reçoit aussitôt les doléances des frères expulsés. Le prélat, rompu à la casuistique, autorise les clercs franciscains à réintégrer en toute conscience leur institut et déclare publiquement, dans un sermon, que cette maison lui appartient.

François, mis au courant, doit accepter cette entorse à la règle. Il est souvent au bord du découragement, prêt à la soumission, d'autant que son état de santé se fait de plus en plus précaire. Son corps, déjà affaibli par les privations de toutes sortes, est maintenant rongé par la maladie. Ses yeux voient de moins en moins. Au nom de la sainte obéissance, François doit céder sur de nombreux points. Mais il ne démissionne pas totalement : c'est le début d'un actif et courageux renoncement — ultime témoignage de sa foi.

En septembre 1220, avec le retour de François, des événements importants interviennent dans la vie de l'ordre. Le 22 septembre, Honorius III rédige une bulle décrétant que toute personne désireuse d'entrer dans l'ordre des frères mineurs doit subir dorénavant une année probatoire, véritable noviciat susceptible d'écarter les « frères Moucherons ». En outre la bulle interdit aux frères d'aller et venir sans autorisation, afin d'enlever tout caractère anarchique au vagabondage apostolique des franciscains.

Quelques jours plus tard, le 29, le chapitre général se réunit à l'occasion de la Saint-Michel. L'assemblée apprend que, selon la volonté du Saint-Siège, Grégoire de Naples et Mathieu de Narni sont révoqués et que les menées de Philippe et de Jean de Capella ont été contrecarrées. François alors s'avance, et, devant les frères présents, déclare solennellement qu'il se démet de sa charge de chef de l'ordre. Il désigne à sa place Pierre de Catane, plus apte que lui à mener le troupeau. François reste le guide spirituel, mais, conscient de son manque de sens administratif, il préfère laisser à un ami fidèle le soin d'organiser et de rassembler une famille prête à se disperser. Malheureusement Pierre de Catane meurt quelques mois plus tard, le 10 mars 1221 ; il est remplacé à la tête de l'ordre par un autre favori, Élie de Cortone.

La Première règle

Si François n'est plus le chef exécutif de l'ordre, il n'en reste pas moins la conscience, et plus concrètement le législateur. La distance qu'il prend vis-à-vis de ses frères lui permet de mieux servir la communauté : le bon Père se retire afin d'offrir à ses frères une nouvelle règle. Aidé de Césaire de Spire, François rédige un long document destiné à éviter pour l'avenir les manquements et les déviances. Cette nouvelle règle entend remplacer celle de 1209, approuvée oralement par Innocent III. Comme aucune trace écrite ne subsiste de la règle de 1209 — qui ne fut peut-être jamais rédigée — la tradition donne au texte de 1221 le nom de *Première règle*.

Après douze ans, riche d'une expérience foisonnante et toujours animé du même idéal malgré les difficultés, François fixe sur parchemin son grand projet, celui de la fidélité la plus stricte aux paroles du Christ. Le texte est tellement proche des évangiles qu'il apparaît souvent comme un florilège de citations. Laissant l'écriture sainte, le ton devient parfois plus concret : certains versets semblent tellement empreints de vie quotidienne que l'on est tenté de croire à une autobiographie. Ailleurs la règle surprend par une grande précision, toute admi-

Conclusion de la Première règle (1221)

« Au nom du Seigneur je prie tous les frères d'apprendre le texte et le sens de tout ce qui est écrit dans cette règle de vie pour le salut de notre âme, et de se le remettre fréquemment en mémoire. Je prie Dieu, qui est le Tout-Puissant, Trinité et Unité, de bénir lui-même tous ceux qui enseigneront, apprendront, garderont, rappelleront et accompliront tout ce qui est écrit pour notre salut, et cela chaque fois qu'ils en répéteront les paroles ou en accompliront les préceptes.

Je prie tous les frères, en leur baisant les pieds, d'aimer beaucoup cette règle, de la garder et de la conserver au fond du cœur. De la part du Dieu tout-puissant et du seigneur pape, par obéissance, moi, frère François, je donne ce commandement strict et cet ordre : de tout ce qui est écrit dans cette règle de vie, que personne n'ôte rien ; à son contenu que personne n'ajoute rien ; et que les frères n'aient pas d'autre règle.

Gloire au Père et au Fils et au Saint-Esprit, maintenant comme au commencement et toujours, dans les siècles des siècles. Amen. »

nistrative : le juriste Césaire de Spire est certainement venu en aide à François. Mais dans l'ensemble c'est le fou de Dieu qui parle : avec flamme on l'entend prodiguer des conseils souvent contradictoires, comme si la vraie voie, à jamais indéfinissable, nécessitait une constante recherche. Bien que très sévère, voire impitoyable, la règle traduit par écrit la bonté d'une mère qui pense à l'avenir de ses petits. L'auteur ne ménage pas sa peine et, emporté par un élan lyrique, laisse jaillir à chaque détour de paragraphe sa ferveur la plus sincère.

L'ascendant d'Élie

Pour la Pentecôte, le texte est complètement rédigé. Paradoxalement le chapitre général ne sera pas uniquement consacré à la nouvelle règle, mais surtout dominé par la figure d'Élie dont c'est véritablement l'intronisation.

Élie Bombarone, que l'on dit de Cortone, est en fait natif d'Assise. C'est un homme de grande envergure. Juriste, il est diplômé de l'université de Bologne. Intelligent et habile, il a le sens de la politique et de la carrière. Très admiratif vis-à-vis de François, il bénéficie en retour de la confiance de son maître — ce qui lui vaut sa nomination. Par ailleurs, il a l'appui du cardinal Hugolin : celui-ci attend beaucoup d'Élie ; il est certain que sous la direction de son nouveau vicaire l'ordre montrera une grande autorité et une parfaite stabilité au sein de l'Église.

Les chapitres de la Pentecôte sont devenus progressivement plus importants que ceux de la Saint-Michel, et celui-ci voit une affluence encore jamais vue : à nouveau on construit une multitude de huttes pour accueillir à la Portioncule les milliers de frères venus des quatre coins de la chrétienté. La réunion dure une semaine tant les problèmes à débattre sont complexes. Nombreux sont ceux qui revoient François pour la première fois depuis son retour des Lieux saints. Après un tel pèlerinage,

François apparaît comme un véritable saint — voire comme une relique vivante — d'autant que sa mort a été annoncée comme certaine au cours de l'année précédente.

Hugolin, toujours occupé par sa légation dans le nord de l'Italie, ne peut se rendre à la grande réunion. Même s'il se fait représenter par un autre prélat, son absence permet à Élie de prendre toute la mesure de sa nouvelle autorité. Si, le premier jour, François, pendant la messe de la Pentecôte, lit l'évangile et adresse à tous les frères un sermon enflammé, les jours suivants, il reste assis aux pieds d'Élie, se limitant à tirer sur la robe du vicaire général pour attirer son attention de temps à autre et lui suggérer ceci ou cela.

Quand enfin la règle est lue, elle ne recueille pas l'adhésion souhaitée. François ne comprend pas : le texte aurait dû faire l'unanimité, étant la parole même de Dieu, dictée à son humble et indigne serviteur.

Élie est le premier à émettre des critiques, suivi aussitôt par une majorité de frères. L'ombre du cardinal Hugolin plane sur l'assemblée : on le sait hostile à la règle qu'il considère comme irréaliste, en rien canonique. Parce que trop long, peu efficace, incapable de réglementer la vie dans sa réalité, le projet de François est écarté. On demande au Père de se remettre au travail et de proposer une règle plus succincte et plus conforme.

François, au nom de la sainte obéissance, éloigne de lui toute amertume et reçoit ce qui lui est dit comme si encore une fois Dieu voulait le mettre à l'épreuve.

Le chapitre suit son cours. On projette de nouvelles missions lointaines. Les candidats ne manquent pas. Depuis que des frères sont morts au Maroc pour avoir prêché les infidèles, nombreux sont ceux qui attendent le baptême du sang. Particulièrement, on met sur pied, pour un groupe de vingt-cinq frères conduits par Césaire de Spire, une campagne d'évangélisation en Allemagne — campagne qui sera couronnée de succès.

Frère Antoine

Comme à chaque réunion plénière de nouvelles recrues se présentent et, cette année-là, François remarque un jeune prêtre nommé Antoine — ce sera le grand saint Antoine de Padoue. François reconnaît aussitôt en lui une richesse jusqu'alors insoupçonnée : Antoine a toutes les qualités intellectuelles d'un grand docteur sans en avoir les défauts ; il allie la science la plus solide et la simplicité d'un enfant. C'est à cause de cette personnalité exceptionnelle que François autorisera les études de théologie et permettra à terme le développement d'une tradition savante dans l'esprit franciscain.

Pendant l'année 1222, malgré le vieillissement prématuré de son pauvre corps malmené, François continue ses voyages en Italie. Au cours de l'été, il est, à Bologne, l'hôte de cette « maison des frères » qu'il a maudite et qu'il doit aujourd'hui accepter. Il retrouve ce frère Antoine dont la science n'a pas desséché le cœur. Les livres lui paraissent alors moins dangereux. L'autorisation d'enseigner la théo-

Lettre à Antoine de Padoue
(fin 1223-début 1224)

« Au frère Antoine, mon évêque, frère François, salut. Il me plaît que tu enseignes aux frères la sainte théologie, à condition qu'en te livrant à cette étude tu n'éteignes pas en toi l'esprit de prière et de dévotion, ainsi qu'il est marqué dans la Règle. »

logie sera concédée — un peu plus d'un an après cette visite — particulièrement à Antoine que François appelle « son évêque » pour exprimer sa déférence.

Le 15 août 1222, pour la fête de l'Assomption, François se rend sur la place de Bologne, devant le palais public. Le bruit de sa venue se répand rapidement et l'on accourt de toute la ville. Et comme pour donner une leçon aux savants de l'université la plus prestigieuse d'Europe dont les murs se dressent non loin de là, il choisit pour son sermon un thème ardu : « Les anges, les hommes, les démons. » Le petit illettré parle avec tant de clarté et d'exactitude que les docteurs présents sont remplis d'admiration. Des citations scripturaires viennent avec beaucoup d'à-propos étayer son développement. Tout ce qu'il dit est irréfutable. Il en vient à parler de la paix nécessaire entre les hommes tiraillés entre le ciel et les ténèbres, entre l'amour et la violence. Et là, il réussit à effacer dans le cœur de son auditoire les haines factieuses qui déchirent la cité depuis des générations. Les universitaires comprennent alors que la vraie rhétorique n'est pas une fin en soi, mais un moyen, au service de la vérité et de la concorde.

A tous les hommes de bonne volonté

Le sermon terminé, on se précipite sur François, on veut toucher son vêtement, on essaie d'arracher un morceau de sa corde, on souhaite au moins croiser son regard. Toute une humanité veut partir à sa suite : hommes, femmes, enfants, vieillards, ouvriers, artisans, bourgeois, aristocrates, tous sont prêts à laisser là leurs jeux ou leurs travaux. François sait bien ce que cet enthousiasme a d'éphémère. Mais, après quelques jours, il reste encore quelques postulants sincères ; ils ne peuvent véritablement entrer en religion car ils sont mariés, ont des enfants ou bien ne peuvent se dérober à de grandes responsabilités. A ces laïcs il propose une vie adaptée à leur condition : il a pensé depuis longtemps à un ordre spécifique, un peu sur le mode de ces confréries qui fleurissent partout dans les villes. Avec l'aide du cardinal Hugolin et avec la bénédiction papale, François a défini pour ces braves gens une règle de vie fraternelle, celle d'un troisième ordre, après celui des mineurs et celui des clarisses, un Tiers-ordre dont les statuts seront définitivement établis après la mort du fondateur. Les « frères » de ce troisième ordre doivent pratiquer l'évangile au sein de leur famille, dans l'exercice de leur profession, dans leurs relations sociales. A l'obligation de pratiquer la pénitence et la prière s'ajoute la mission de secourir les pauvres et les malades. Un tertiaire doit s'acquitter de ses devoirs civils, comme le paiement de l'impôt, mais s'engage à ne jamais porter les armes et à faire régner la paix partout où il travaille ou exerce une autorité.

L'année 1222 s'avance et François marche toujours à la rencontre de ses frères, les hommes de toutes conditions. Il séjourne à Subiaco dans le Latium. Priant et méditant dans ce couvent isolé de la haute vallée de l'Aniène — la toute première fondation bénédictine — il rend hommage à son illustre prédécesseur saint Benoît de Nursie. Sa campagne de prédication se poursuit dans le sud de la péninsule, en Campanie, en Calabre et dans les Pouilles. Tout au long de son chemin il guérit les corps et les âmes.

Avec les malades il fait preuve de la plus grande

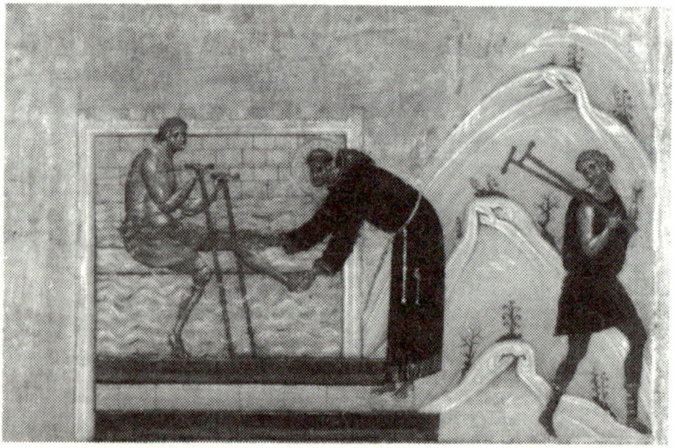

Guérison d'un paralytique (Maître anonyme, Pise, Église S. Francesco, XIIIe s.). *D.R.*

douceur. Il trouve toujours une parole apaisante et, quand il le peut, il les soulage de leurs maux. Il les exhorte à ne pas exiger leurs remèdes avec trop d'impatience ou d'âpreté. Il leur donne la nourriture dont ils ont besoin, même les jours de jeûne. Et pour qu'ils n'aient point honte de pécher, il mange lui aussi et ne rougit pas d'aller en ville sur les marchés quêter de la viande pour eux. L'amour passe avant la loi.

Il montre une tendresse, une patience particulière envers les âmes affligées — même s'il a en horreur le péché. Il vient au secours de ceux qui sont troublés par la tentation ou découragés après bien des rechutes. Il demande qu'on leur épargne les corrections et les brimades. « Un bon père ne doit pas être un tyran. Mieux vaut supprimer les occasions de péché et ne pas laisser tomber celui qui aurait de la peine à se relever » se plaît-il à répéter.

La Deuxième règle

Voyant que son ordre lui échappe, François se décide à rédiger une nouvelle règle, répondant ainsi à la demande d'Hugolin et d'Élie.

Il constate avec tristesse que sa grande famille est aujourd'hui lourdement structurée, divisée en provinces et supervisée par des ministres généraux. On construit des couvents, avec des supérieurs pour chacun d'entre eux. Partout on renonce au vœu de pauvreté : les frères possèdent des livres enluminés ; certains s'endorment la tête posée sur des coussins de plumes ; des mineurs briguent des charges ecclésiastiques. Il faut faire vite pour réaffirmer l'essentiel.

Commencent alors de grandes discussions entre François et Élie : deux points de vue diamétralement opposés se dessinent. Élie, conscient de la réalité, souhaite un adoucissement des exigences concernant la pauvreté ; il demande une réglementation claire, susceptible d'être mise en pratique par l'ensemble des frères. François, quant à lui, tient un discours beaucoup plus fou : tout en exigeant un dépouillement absolu, un don de soi irréel, il voudrait que les frères agissent spontanément, en dehors de toute prescription pointilleuse, comme emportés par leur seule foi.

Finalement, au cours de l'été 1223, accompagné de Léon et d'un autre frère, le *poverello* se retire dans l'ermitage de Fonte Colombo près de Rieti : deux grottes accrochées à flanc de montagne tiennent lieu de cellules. Après quarante jours de jeûne, commence la rédaction de la règle. Léon, le doux Léon, écrit sous la dictée de François.

Les frères disséminés dans toutes les provinces savent que François est en train d'écrire une version définitive de la règle. On s'inquiète. Le Père ne va-t-il pas proposer un idéal de vie que lui seul sera capable de suivre ? Élie, alerté par les uns et par les autres, se rend à Fonte Colombo, accompagné de quelques ministres, afin d'orienter — s'il est encore temps — le texte dans la direction souhaitée. François, troublé dans sa retraite, ne se plie pas aux injonctions et chasse ses visiteurs sans ménagement.

Élie ne désarme pas pour autant. Quand il reçoit le travail achevé, il constate que ses craintes étaient fondées : certes le texte est plus court que celui de 1221, mais il garde pour l'essentiel la même rigueur, la même intransigeance. Pour gagner du temps afin de consulter le cardinal, Léon feint d'avoir égaré les parchemins. Peine perdue : François n'est pas dupe et une franche discussion s'impose. Après quelques amendements obtenus de haute lutte par le parti des réformateurs, la nouvelle règle est présentée au chapitre général — où elle déchaîne encore des passions.

Le point sur lequel François doit céder en dernière extrémité concerne une clause sur l'obéissance selon laquelle un frère n'est pas tenu d'obéir si l'ordre donné n'est pas conforme à la règle, s'il donne matière à péché ou à délit. Pour les canonistes, cette mesure particulière autorise n'importe quel frère mineur à se soustraire de lui-même à l'autorité ecclésiastique — et cela est inadmissible.

Malgré ces amendements, malgré la suppression de nombreuses citations évangéliques, François a tenu bon : le texte qui est promulgué le 29 novembre 1223 par la bulle *Solet annuere* d'Honorius III contient toujours les lignes essentielles de son idéal. La tradition franciscaine a donné à ce précieux document le nom de *Deuxième règle* ou *Règle définitive des frères mineurs*.

Malgré le caractère définitif de la règle, tout n'est pas résolu. L'œuvre de François n'est achevée qu'en théorie. Les débats qui ont accompagné la rédaction du texte mettent en lumière la division de l'ordre qui après la mort du fondateur deviendra flagrante.

Deux courants apparaissent déjà. D'une part, les frères qui veulent la survie de l'institution proposent, d'une manière très réaliste, une adaptation de la

Extraits de la Deuxième règle (1223)

« Lorsque mes frères vont par le monde, je leur conseille, je les avertis et je leur recommande en notre Seigneur Jésus-Christ d'éviter les chicanes et les contestations, de ne point juger les autres. Mais qu'ils soient aimables, apaisants, effacés, doux et humbles, déférents et courtois envers tous dans leurs conversations. Ils ne doivent pas aller à cheval, à moins d'y être contraints par une nécessité évidente ou une infirmité. En quelque maison qu'ils entrent, qu'ils disent d'abord: Paix en cette maison !... »

« Je défends formellement à tous les frères de recevoir en aucune manière des pièces d'or ou de la menue monnaie, soit directement, soit par personne interposée... »

« Les frères auxquels le Seigneur a fait la grâce de travailler travailleront avec fidélité et dévotion... En compensation de leur travail, ils pourront recevoir ce qui est nécessaire à la vie du corps, pour eux et pour leurs frères, à l'exclusion de la monnaie et de l'argent... »

« Les frères ne doivent rien posséder: ni maison, ni terrain, ni quoi que ce soit. Comme des pèlerins et des étrangers en ce monde, servant le Seigneur dans la pauvreté et l'humilité, ils iront quêter leur nourriture avec confiance, sans rougir, car le Seigneur, pour nous, s'est fait pauvre en ce monde... »

règle, un assouplissement rendu nécessaire par l'ampleur du mouvement. Ces frères réformateurs seront appelés « conventuels » parce qu'ils sont établis dans des couvents. D'autre part, les disciples qui exigent une stricte observance de l'idéal de pauvreté continuent à vagabonder ou le plus souvent s'isolent dans des ermitages de montagne, vivant dans le dénuement le plus complet. Ces frères seront appelés « spirituels » car ils se réclament de l'esprit même du franciscanisme originel.

Le Saint-Siège, d'une manière générale, apporte son soutien à la branche modérée majoritaire : le développement des frères mineurs fait l'objet de soins attentifs de la part de la papauté qui tente de gommer tout excès et d'endiguer toute radicalisation. Les spirituels, malgré quelques accalmies, sont en butte aux persécutions : leur mouvement se durcit et le ton des *zelanti* devient parfois fielleux. Isolés, les *fraticelli* entendent envers et contre tous perpétuer le plus pur respect du vœu de pauvreté, se posant en gardiens de l'authentique héritage de François.

5. Les dernières années

Noël 1223

Au début du mois de décembre 1223, François, accompagné de quelques fidèles compagnons, quitte Rome après avoir reçu l'approbation de sa règle. Les voyageurs remontent vers le nord et arrivent quelques jours plus tard dans l'austère vallée de Rieti, à Greccio, où les frères disposent d'une grotte que leur a prêtée le seigneur du lieu.

La fête de Noël approche. François depuis toujours a une dévotion particulière pour cette solennité. Il désire que les pauvres et les mendiants soient régalés ce jour-là par les riches, et que les bœufs et les ânes reçoivent une ration supplémentaire d'avoine et de foin. « Si je voyais l'empereur, dit-il, je le supplierais de publier un édit ordonnant à tous ceux qui le peuvent de semer du grain sur les routes, en ce jour de fête, pour le régal des petits oiseaux et surtout de nos sœurs alouettes. » Il pleure en pensant au dénuement de Marie et de son Fils dans la crèche de Bethléem.

Cette année-là, voulant donner à l'évangile toute sa vérité, François décide d'évoquer la naissance du Sauveur à travers une humble mise en scène. Tous les habitants des villages alentour sont invités à participer. On apporte une mangeoire, de la paille. Des paysans prêtent un bœuf et un âne. Des acteurs et des figurants sont désignés. Et la nuit de Noël venue, on se rassemble dans l'allégresse autour de la grotte illuminée par les torches. Un prêtre célèbre la messe sur la mangeoire utilisée comme autel. François, revêtu de la dalmatique propre aux diacres, chante l'évangile et dit le sermon. Tout au long de la cérémonie son attitude, ses paroles montrent qu'il vit l'événement représenté comme si l'Enfant-Jésus venait réellement de naître.

L'innovation de François témoigne d'une spiritualité nouvelle qui répond, selon une pédagogie adaptée, à l'attente des dévots toujours plus attachés à la nature humaine du Christ et plus particulièrement à son humble naissance. L'Église, malgré sa méfiance vis-à-vis des *ludi theatrales* et l'interdiction faite de célébrer l'eucharistie sur des autels de fortune, reconnaîtra dans ce Noël de Greccio l'inauguration d'une belle coutume apte à édifier les gens simples.

Les lettres de 1224

Dès le début de l'année 1224, François sent que sa fin est proche. Pendant encore deux années il vivra, subissant de nombreux tourments, sans émet-

Extraits de la Lettre à tous les fidèles (1224)

« Puisque je suis le serviteur de tous, je suis tenu de me mettre au service de tous, et de me faire pour vous tous le ministre des paroles toutes parfumées de mon Seigneur. Or je constate qu'il m'est impossible, à cause des maladies et de la faiblesse de mon corps, d'aller vous visiter tous et chacun ; c'est pourquoi j'ai eu l'idée de vous adresser la présente lettre et ce message, pour vous transmettre quand même les paroles de notre Seigneur Jésus-Christ… »

« Aimons notre prochain comme nous-mêmes. Et si quelqu'un ne veut pas ou ne peut pas aimer son prochain comme lui-même, qu'au moins il n'aille pas lui faire de mal, mais qu'il lui fasse du bien… »

« Ceux qui ont été investis du pouvoir de juger autrui, qu'ils exercent leur charge de juge avec miséricorde, comme ils voudraient obtenir miséricorde du Seigneur… »

« Ayons donc charité et humilité : faisons des aumônes car elles lavent les âmes des souillures de leurs péchés… »

« Nous devons aussi jeûner, nous abstenir des vices et des péchés, de l'excès du manger et du boire… »

« Nous ne devons être ni sages ni prudents selon la chair ; nous devons plutôt être simples, humbles et purs… »

tre une plainte, et continuera courageusement son œuvre vis-à-vis de ses frères jusqu'au dernier instant.

Du printemps et de l'été 1224 datent les grandes

lettres qu'il dicte pour prolonger la règle et prodiguer d'ultimes conseils. Ces « encycliques » s'appellent *Lettre à tous les fidèles, Lettre à tous les clercs, Lettre à tout l'ordre*. Elles se veulent générales, universelles. Elles permettent à François, qui ne peut quitter les ermitages de la vallée de Rieti, de délivrer encore une fois son message de fraternité, son appel à la réconciliation, au nom de Jésus-Christ.

Le miracle de l'Alverne

Afin de se préparer à la mort, François quitte la vallée de Rieti et, après avoir traversé son Ombrie natale, arrive en Toscane pour se retirer dans sa montagne. Il arrive à destination pour la fête de l'Assomption, le 15 août 1224, accompagné des frères Léon, Illuminé, Massée, Ange et Sylvestre.

Aussitôt après l'Assomption commence dans le calendrier liturgique de l'époque le carême de la Saint-Michel — une période de privations et de prière qui va du 16 août au 28 septembre — un des carêmes qui rythment l'année en une alternance de quarantaines austères et de quarantaines joyeuses. François, plus que tout autre fidèle, veut se préparer à célébrer dignement l'archange Michel, et demande que ses frères respectent sa retraite. Il choisit une grotte creusée dans une paroi rocheuse, que l'on ne peut atteindre qu'en empruntant un pont — une simple planche jetée au-dessus d'une crevasse. Seul Léon pourra venir lui apporter chaque jour du pain et de l'eau ; avant le lever du jour il pourra également le rejoindre et ensemble ils chanteront les matines. A l'occasion de ses visites, Léon surprend François en extase, brûlant de ferveur pour le Seigneur Dieu qu'il ne cesse de prier.

C'est aux alentours du 14 septembre, au moment de la fête de l'Exaltation de la sainte Croix, qu'est placé par les premiers biographes le miracle des stigmates. La tradition repose sur le témoignage d'Illuminé et surtout de Léon, intrigués par des indices et enfin mis dans la confidence par François lui-même.

François reçoit les stigmates (Bonaventura Berlinghieri, Pescia, Église S. Francesco, 1235). © *Alinari Anderson-Giraudon*.

Selon le récit qui est donné de l'événement, François avant le lever du jour voit apparaître au-dessus de lui un ange resplendissant, un séraphin doté de six ailes, qui très vite revêt les traits de Jésus crucifié. François brûlant d'amour et de douleur reçoit alors miraculeusement les cinq plaies du Christ : sur ses mains, sur ses pieds et sur son côté se gravent les blessures de la Passion.

Aux yeux des historiens, l'épisode pose évidemment problème, même si de nombreux témoignages attestent l'existence de plaies semblables à celles du Christ, que François porte sur son corps depuis son départ de l'Alverne jusqu'à sa mort — c'est-à-dire de septembre 1224 à octobre 1226. La stigmatisation relève du miracle que l'on accepte comme tel ou que l'on écarte. Mais au-delà de ce débat, il est bon de rappeler la signification symbolique fascinante que propose la tradition hagiographique.

La stigmatisation est l'aboutissement sublime d'un cheminement exemplaire : François s'est toujours efforcé de modeler sa vie sur celle du Christ ; proche du trépas, il reçoit la grâce sublime et terrible d'être pauvre parmi les pauvres, d'être uni à Jésus crucifié. François dès lors est vraiment l'*alter Christus*, l'autre Christ, le *speculum perfectionis*, le miroir de perfection.

Le lendemain de la Saint-Michel, François et Léon quittent l'Alverne pour retourner à Sainte-Marie-des-Anges. L'apôtre devenu presque aveugle, souffrant de douleurs multiples, ne peut plus marcher : un paysan et son âne accompagneront les deux pèlerins. Malgré le mauvais état de santé de François, l'itinéraire choisi n'est pas le plus court : s'ils passent par la vallée du Tibre et traversent Borgo Sansepolcro et Città di Castello, ils n'en font pas moins des détours dans la montagne. Le voyage se transforme en une tournée apostolique ; il devient également une marche triomphale : on se presse pour voir le saint, pour le toucher, pour prélever sur sa personne, sur son vêtement, quelque relique. Le petit pauvre se défend comme il peut, cache les blessures de ses mains, de ses pieds et de son côté. Quand il n'est pas absent, perdu dans ses prières, il console et soulage les malades qu'on lui présente. Le paysan qui leur a fait la bonté de les accompagner ne supporte pas les épreuves et les aléas du chemin avec autant de patience que les deux frères : François a pitié de lui et fait tout pour adoucir sa peine.

Plus d'un mois après avoir quitté l'Alverne, François arrive à la Portioncule où ses frères le reçoivent avec effusion. Après quelques semaines de repos, il repart. Toujours monté sur un âne, il entreprend une tournée de prédications en Ombrie et dans les Marches.

Ainsi se passe l'hiver 1224-1225. A l'issue de cette dure pérégrination François revient à Assise.

Le Cantique

Probablement à la fin du mois de mars — peut-être beaucoup plus tard dans l'année — François commence la composition de son *Cantique des créatures*. C'est un chant sublime d'action de grâce adressé à Dieu — célébration à laquelle il associe toutes les créatures.

Cantique des Créatures ou Cantique de Frère Soleil (1225)

Très Haut, Tout-Puissant, bon Seigneur
à toi sont les louanges, la gloire et l'honneur
et toute bénédiction.
A toi seul ils conviennent, O Très-Haut,
et nul homme n'est digne de te nommer.

Loué sois-tu, mon Seigneur, avec toutes tes créatures,
Spécialement messire le frère Soleil,
il est la lumière du jour et par lui tu nous illumines.
Et il est beau et il rayonne avec grande splendeur :
de toi, très-Haut, il est le signe.

Loué sois-tu, mon Seigneur, pour sœur Lune et les Étoiles :
dans le ciel tu les as formées
claires et précieuses et belles.

Loué sois-tu, mon Seigneur, pour frère Vent
et pour l'air, et les nuages,
pour le ciel serein et tous les temps,
par lesquels tu donnes soutien à tes créatures.

Loué sois-tu, mon Seigneur, pour notre sœur Eau,
qui est très utile et humble
et précieuse et chaste.

Loué sois-tu, mon Seigneur, pour frère Feu,
par qui tu éclaires la nuit :
et il est beau et joyeux
et robuste et fort.

Loué sois-tu, mon Seigneur, pour notre sœur et mère la Terre
qui nous porte et nous nourrit,
et produit des fruits variés,
ainsi que des fleurs colorées et les herbes.

Louez et bénissez mon Seigneur
et remerciez-le
et servez-le avec grande humilité.

La tonalité de cette poésie rayonnante contraste avec les circonstances qui l'ont suscitée.

Les différentes strophes — adressées à messire le frère Soleil, à sœur Lune et aux Étoiles, à frère Vent, à sœur Eau, à frère Feu et à sœur notre mère la Terre — sont conçues par François à l'issue d'une nuit passée au pied d'Assise, à Saint-Damien, près du couvent de Claire, son amie, sa petite sœur. Une nuit dramatique : couché à même le sol, dans une hutte de branchages, tourmenté par des mulots, souffrant du froid, dolent, proche du désespoir, François reçoit la consolation divine ; alors il entonne les premiers versets de cet hymne, exultant de joie et bénissant le créateur ; et bien vite il invite ses frères à reprendre ce chant avec lui.

Ainsi conçu par François, le *Cantique des créatures* témoigne d'un des traits essentiels du message franciscain : la peine, la douleur, les vexations de tous ordres doivent être non seulement endurées en toute sérénité, mais transmuées en joie de tous les instants.

Cette joie est présente dans l'écriture même du *Cantique* : les strophes, tels des versets bibliques, se succèdent en un rythme pénétrant, litanique. Le vocabulaire, bien que très simple, offre une riche coloration ; les qualificatifs sont nombreux et chaleureux : l'eau est *utile, humble, précieuse* et *chaste* ; le feu est *beau, joyeux, robuste* et *fort*. Les vers du *Cantique des créatures* rappellent ce qu'a été la vie de François, emportée par un élan poétique. C'est l'œuvre du ménestrel, du jongleur de Dieu, qui en Italie comme dans le lointain Orient n'a cessé de chanter son Seigneur, alliant le geste à la parole.

Le chant dit sa tendresse fraternelle pour les créatures — une tendresse toute subordonnée à son amour de Dieu. La louange n'est pas adressée aux êtres créés eux-mêmes : on ne lit pas « *Louées soient les créatures* ». François n'est pas un panthéiste païen ; il n'arrête pas sa contemplation à la nature divinisée ; il n'aime pas la nature d'abord pour elle-même : il reconnaît en elle l'œuvre et la marque de Dieu. Le *Cantique* répète « *Loué sois-tu, mon Seigneur...* », et les créatures sont là pour participer à la glorification de Dieu. François ne tient pas pour maudite et impure la nature comme les cathares manichéistes ; il refuse le *contemptus mundi*, le « mépris du monde » ; il ne voit pas dans la réalité terrestre l'œuvre du démon, mais bien l'œuvre du Dieu unique créateur de l'univers.

Au cœur de la cité

Malgré ses souffrances, François n'oublie pas la société des hommes ; il refuse de s'isoler dans la contemplation. Le choix du dialecte d'Assise pour composer le *Cantique des créatures* est symptomatique du caractère apostolique de sa prière : alors que le latin est la seule langue liturgique autorisée, ce chant de louanges, nouveau dans son écriture même, est accessible aux plus simples. Inventer un psaume dans la langue de tous les jours — celle des menus gestes, celle de la rue et de la maison — relève d'une gageure. Mais François sait que le peuple a besoin pour sa piété toute spontanée d'une poésie fervente qui ne peut s'exprimer que dans une langue vivante.

La strophe du pardon (juin 1225 ou juillet-août 1226)

« *Loué sois-tu, mon Seigneur, pour ceux*
qui pardonnent par amour pour toi;
qui supportent épreuves et maladies:
heureux s'ils conservent la paix
car par toi, le Très-Haut, ils seront couronnés. »

L'apôtre se sert de son chant comme d'un instrument de conversion: il l'entonne et demande qu'on le reprenne en chœur. Au mois de juin 1225 — ou un an plus tard selon une autre interprétation des données biographiques — François ajoute une strophe à son *Cantique* dans des circonstances bien précises.

Le podestat et l'évêque d'Assise sont entrés en lutte ouverte. Le podestat — une personnalité étrangère à la cité choisie par la commune théoriquement pour arbitrer et apaiser les luttes factieuses — s'est fait l'instrument d'un seul parti dont les menées lèsent les intérêts de l'évêque Guido et de ses alliés. Guido, autoritaire et prompt à la colère, n'hésite pas à excommunier son adversairc. Quant au podestat, il réplique en faisant annoncer au son de la trompette qu'il est interdit de vendre ou d'acheter quoi que ce soit à l'évêque et d'avoir des contacts avec lui d'une façon ou d'une autre.

Cette haine attriste François qui a pitié des antagonistes. Pour la circonstance il ajoute une strophe à son *Cantique*, un hymne à la concorde et au pardon.

François ordonne que des frères se rendent en ville afin de réunir les deux adversaires et leur chanter le Cantique des créatures augmenté de son nouvel appel à la paix. Bien vite les messagers sont de retour annonçant la réconciliation des ennemis devant le peuple rassemblé.

Une fois encore François montre son intérêt pour la vie publique. Comme il le fit à Arezzo, à Pérouse, à Sienne, à Damiette ou ailleurs, l'apôtre de la paix s'engage, il entre en politique pour faire avancer l'amour entre les hommes.

Le chemin de croix

L'état de santé de François empirant, Hugolin et Élie s'inquiètent. Ils poussent le grand malade à se soigner, à soulager son pauvre corps dolent. François, qui d'abord ne veut rien entendre, finit par céder : il accepte de quitter Assise et de se rendre à Rieti où siègent le pape et ses cardinaux — position de repli pour la curie qui a fui Rome et ses troubles sociaux. Là, le Père pourra bénéficier des soins des médecins pontificaux.

A l'issue d'un voyage pénible à travers la montagne, le malade arrive à Rieti au début du mois de juillet 1225. Il bénéficie d'un accueil chaleureux de la part de toute la cour papale et particulièrement du cardinal Hugolin.

Parvenu là où l'a envoyé la sagesse de ses frères, François doit se résigner, après bien des hésitations, à penser à son corps.

Selon l'usage du temps, pour soigner son ophtalmie et tous les autres maux dont il est atteint, on lui

François malade (Maître anonyme, Ermitage de Greccio, XIVe s. ?). *D.R.*

fait des saignées, on lui applique des cataplasmes, on lui prépare des onguents et des collyres. Mais ces soins se révèlent inefficaces. Tabald le Sarrasin, médecin de haute renommée attaché au pape, décide de procéder à une cautérisation des tempes afin que François puisse recouvrer la vue.

L'opération a lieu au cours de l'été, à Fonte Colombo où le malade s'est retiré. Le traitement consiste à appliquer près de l'œil un fer rouge afin d'écarter le mal. François, le moment venu, a un geste de recul, puis, reprenant courage, demande à son frère le Feu, la plus noble et la plus utile des créatures, d'user de courtoisie à son égard et de ne pas trop le faire souffrir. A la grande admiration de tous, après avoir été atrocement brûlé, François déclare ne rien avoir senti.

L'opération se révèle inefficace et ne fait qu'ajouter aux maux du patient.

Après avoir passé Noël à Fonte Colombo, François, au début de l'année 1226, est envoyé à Sienne où l'air est plus sain que dans l'humide vallée de Rieti. Là, il subit d'autres traitements aussi impuissants que les précédents. Son état va même s'empirant. Il est pris de violentes hémorragies. On croit sa dernière heure venue. Mais la crise passe et François connaît un répit dans l'évolution inexorable de sa maladie.

Même dans les moments les plus durs, le malade pense à ses frères. Entre la vie et la mort, il appelle frère Benoît qui veille sur lui et lui dicte son testament. Une déclaration très brève, émouvante de tendresse vis-à-vis de tous les siens, mais d'une totale fermeté sur l'essentiel.

Testament de Sienne (avril-mai 1226)

« Écris que je bénis tous mes frères, ceux qui sont actuellement dans notre Ordre et ceux qui, jusqu'à la fin du monde, y viendront.

Je suis trop faible et j'ai trop mal pour parler ; brièvement je veux déclarer ma volonté en trois mots que voici :

Que toujours ils s'aiment les uns les autres en souvenir de ma bénédiction et de mon testament ;

Que toujours ils aiment et honorent notre Dame la sainte Pauvreté ;

Que toujours ils se montrent fidèles et soumis aux prélats et à tous les clercs de notre sainte Mère l'Église. »

Averti de l'état alarmant du malade, Élie juge nécessaire de le ramener à Assise avant qu'il ne soit trop tard. C'est également le vœu le plus cher du *poverello*. François reprend donc la route ballotté sur le dos d'un âne. Il fait étape à Cortone, dans l'ermitage des Celle. L'hydropisie dont il souffre se généralise. Il ne peut plus s'alimenter. Il faut cependant repartir. Au lieu de passer par Pérouse, les frères qui accompagnent François décident de faire un grand détour par Gubbio au nord, puis par Nocera à l'ouest : ils craignent que la ville rivale n'enlève le mourant pour s'en approprier la relique. Alors que François est au plus mal, une troupe de gens d'armes venue d'Assise rejoint enfin les voyageurs et les escorte jusqu'à la ville. C'est la fin du mois d'août. Les assisiates réservent à leur « saint » un accueil triomphal. On exulte. Les cloches sonnent à toute volée. On bénit le ciel d'avoir ramené François dans sa ville natale.

La mort du poverello

Le stigmatisé est placé dans le palais épiscopal. Des sentinelles le protègent de l'agressive ferveur des foules. Même si son état de santé connaît une légère amélioration, François sait bien que sa fin est proche : il fait appeler Ange et Léon, et leur demande de chanter le *Cantique des créatures* auquel il ajoute d'une voix faible une ultime strophe, celle de sa sœur la Mort.

A la demande du moribond les frères Ange et Léon ne cessent de chanter ces laisses de louange adressées à Dieu en harmonie avec toute la création. Mais Élie n'apprécie guère ces fantaisies et craint que cela nuise à l'image du futur saint. François ne cède pas et continue à chanter et exulter : « Je me sens si proche de Dieu », dit-il.

La fin de l'été approchant, François exprime le vœu de quitter le palais épiscopal et d'être transporté jusqu'à Sainte-Marie-des-Anges pour mourir en un lieu conforme à son idéal de pauvreté.

Suivi d'une foule immense, le cortège s'ébranle. Passée la Portaccia, on approche de l'hôpital des lépreux. François demande alors que l'on pose le brancard sur lequel il est étendu ; il se redresse un peu et une dernière fois veut contempler sa ville natale ; de ses yeux presque aveugles il distingue sa

La strophe de notre sœur la Mort
(septembre 1226)

« Loué sois-tu, mon Seigneur,
pour notre sœur la Mort corporelle,
à qui nul homme vivant ne peut échapper.
Malheur à ceux qui meurent en péché mortel;
heureux ceux qu'elle surprendra faisant ta volonté,
car la seconde mort ne pourra leur nuire. »

bonne cité dont les maisons ocre, baignées de soleil, s'étagent, au-delà des murailles, serrées autour de Saint-Rufin, de Sainte-Marie-de-la-Minerve, de Sainte-Marie-Majeure, de Saint-Pierre... Et, plus loin, à peine perceptibles, les pentes boisées du mont Subasio, où se cache l'ermitage des Carceri si cher à son cœur.

Arrivés à la Portioncule, les frères installent le mourant dans une cabane tout près de la chapelle qu'il a reconstruite de ses mains, vingt ans auparavant.

Ses dernières pensées vont vers ses frères qui sont éloignés, occupés à l'avènement du Royaume de Dieu, en Italie ou dans d'autres contrées. Pour eux il dicte un autre testament, plus long que celui de Sienne. Un texte qui résume sa vie, son action et son grand idéal, et où s'exprime aussi son inquiétude sous la forme de nouvelles recommandations insistantes, pathétiques.

Ses ultimes messages il les fait adresser à ses deux amies, Claire et Jacqueline. A Claire il défend de se

Extrait du Testament
(début octobre 1226)

« Que les frères n'aillent point dire : Voilà une nouvelle règle ! Non : c'est un retour sur notre passé, une admonition, une exhortation et c'est le testament que moi, votre petit frère François, je vous adresse, à vous mes frères bénis, afin que nous observions plus catholiquement la Règle que nous avons promis au Seigneur de garder. »

laisser aller à la tristesse et l'encourage à ne jamais s'écarter avec ses sœurs de la voie pauvre du Seigneur Jésus. A Jacqueline, qui n'est pas cloîtrée, il demande de venir au plus vite et d'apporter, outre ce qui sera nécessaire pour sa sépulture, le gâteau qu'elle faisait quand il séjournait à Rome et qu'il aimait tant. François, l'austère François, à quelques jours de sa mort, montre, d'une manière touchante, son attachement à la vie, celle de la chair, nécessaire passage vers la vie éternelle. Mais à peine a-t-il achevé de dicter cette lettre, que Jacqueline apparaît sur le seuil de la cabane : avertie du mal de François, elle s'est mise en chemin, ayant pensé à apporter, comme par prémonition, tout ce que souhaite François.

Au dernier jour, le 2 octobre, un samedi, il demande à être dépouillé de sa tunique et à être déposé sur la terre nue. Selon sa volonté, on répand sur lui de la cendre pour signifier la déchéance qui attend son corps. Et le soir venu, d'une voix faible, il entonne un psaume pénitentiel :

« Ma voix crie vers Yahweh,
de ma voix j'implore le Seigneur ;
je répands ma plainte en sa présence,
j'expose devant lui ma détresse. »

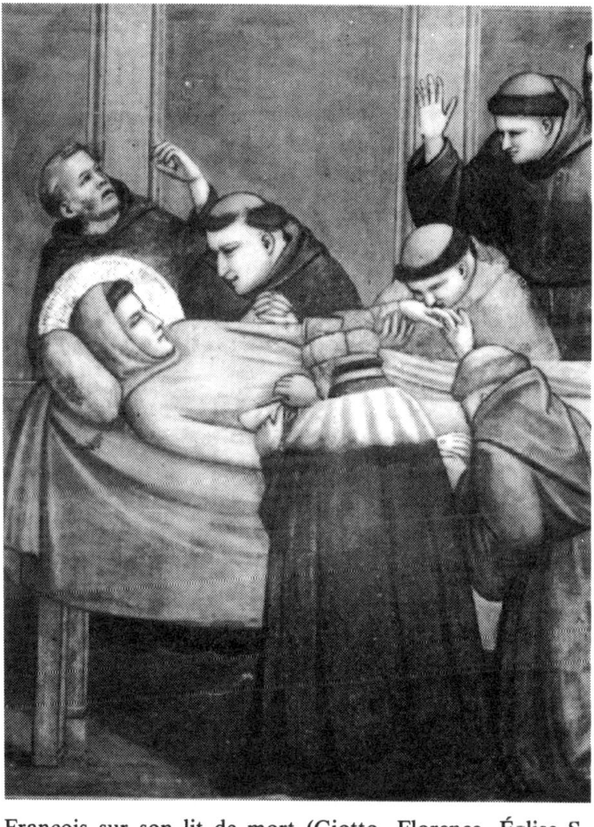

François sur son lit de mort (Giotto, Florence, Église S. Croce, Chapelle Bardi, vers 1325). © *Alinari-Viollet.*

Comme il peut, il continue son chant et arrive enfin aux dernières strophes qui disent son désarroi mais aussi sa foi totale dans le pardon et le salut :

« *Prête l'oreille à ma supplication,*
car je suis au fond du malheur ;
délivre-moi de ceux qui me poursuivent,
car ils sont plus forts que moi.

Tire mon âme de sa prison,
afin que je célèbre ton Nom ;
les justes m'attendent :
donne-moi ma récompense. »

Le silence se répand alors. François finit là sa vie, *poverello* jusque dans la mort, entouré de ses amis les plus fidèles, adressant à Dieu ses ultimes pensées sous la forme d'un chant psalmodié avec courage jusqu'à la dernière syllabe. Sa mort est à l'image de sa vie.

Le message qu'il laisse à ses frères éplorés, en ce 2 octobre 1226, est parvenu intact jusqu'à nous. Un message de paix et d'amour. Une parfaite réconciliation des hommes entre eux, de l'homme avec lui-même, de l'homme avec le monde, de l'homme avec la mort, une réconciliation cosmique qui culmine en Dieu créateur. Et pour proclamer cette bonne nouvelle une tonalité toujours bien vivante, faite de joie et de poésie.

Pour approfondir

1. Les sources (les écrits de François et les textes de ses premiers biographes) :

Saint François d'Assise, Documents (rassemblés, présentés et commentés par T. DESBONNETS et D. VORREUX), Éd. Franciscaines, 1968 (1504 p.).
Claire et François d'Assise, Écrits (introduits par T. MATURA et traduits par J.F. GODET), Éd. du Cerf, 1991.

2. Biographies modernes :

P. SABATIER, *Vie de Saint François d'Assise*, Fischbacher, 1894 (édition revue en 1922).
J. JOERGENSEN, *Saint François d'Assise*, Perrin, 1913 (réédition : Tallandier, 1979).
O. ENGLEBERT, *Vie de saint François d'Assise*, Albin Michel, 1947 (édition revue en 1982).
A. FORTINI, *Nova vita di San Francesco*, Éd. Assisi, 1959 (5 volumes).
S.J. PIAT, *Saint François d'Assise à la découverte du Christ pauvre et crucifié*, Éd. Franciscaines, 1966.
P. LEPROHON, *François d'Assise*, Éd. Corymbe, 1972.

E. LECLERC, *François d'Assise, le retour à l'Évangile*, Desclée de Brouwer, 1981.
R. MANSELLI, *Saint François d'Assise*, Éd. Franciscaines, 1981.
G. HOURDIN, *François, Claire et les autres*, Desclée de Brouwer, 1984.
J. GRÉAL, *Petite vie de sainte Claire*, Desclée de Brouwer, 1991.

3. Essais :

F. TIMMERMANS, *La louange de saint François*, Bloud et Gay, 1933 (régulièrement réédité).
E. LECLERC, *Sagesse d'un pauvre*, Éd. Franciscaines, 1950 (réédition : Desclée de Brouwer, 1991).
I. GOBRY, *Saint François d'Assise et l'esprit franciscain*, Seuil, 1957.
D. FLOOD, *Frère François et le mouvement franciscain*, Éd. ouvrières, 1983.
M. HUBAUT, *La voie franciscaine, La joie de vivre l'évangile*, Desclée de Brouwer, 1983.
J. GREEN, *Frère François*, Seuil, 1983 (réédition : Point-Seuil, 1985).
M.A. SANTANER, *François d'Assise et de Jésus*, Desclée de Brouwer, 1984.
L. BOFF, *François d'Assise*, Éd. du Cerf, 1986.
T. MATURA, *Dieu le Père très saint contemplé par saint François*, Éd. Franciscaines, 1990.

4. Sur le Cantique des Créatures

G. GETTO, *San Francesco e il Cantico di frate Sole*, Université de Turin, 1956 (VIII, 2).

J. GOUDET, « Le mysticisme de saint François et les animaux », dans *Revue des Études Italiennes*, Didier, janvier-juin 1964.

H. LOUETTE, *Le Cantique des Créatures*, Éd. Franciscaines, 1978.

E. LECLERC, *Le Cantique des Créatures, Une lecture de saint François d'Assise*, Fayard, 1970 (réédition : Desclée de Brouwer, 1988).

5. Livres d'art et de tourisme spirituel

Francesco d'Assisi, Storia e Arte, Electa, 1982 (catalogue de l'exposition à l'occasion du huitième centenaire de la naissance de François, Assise, 1982).

T. DESBONNETS, *Assise sur les pas de saint François, guide spirituel*, Éd. Franciscaines, 1983 (3e éd.).

Saint François et ses frères, Fonds Mercator/Albin Michel, 1991 (édition originale : *Francesco, in Italia, nel Mondo*, Jaca book spa, 1990).

E. CIOL, *Assise*, Hatier, 1991.

J. GREEN, *Frère François*, Seuil, 1992 (réédition de luxe de l'essai de 1983).

Table

1. La naissance et la jeunesse 7
2. La conversion 17
3. La naissance de l'ordre et son développement 35
4. Les épreuves 67
5. Les dernières années 105

Pour approfondir 125

2e éd. - 6e mille

Achevé d'imprimer le 21 mars 1994
dans les ateliers de Normandie Roto Impression s.a.
à Lonrai (Orne)
pour le compte des Éditions Desclée de Brouwer
N° d'imprimeur : I4-0580
Dépôt légal : mars 1994

Imprimé en France